国家高中数学课程标准实验项目

"分形几何初步"进入高中课程研究

"分形几何初步"进入普通高中数学课程的可行性实验研究课题组

舒昌勇　编著

辽宁科学技术出版社
沈　阳

图书在版编目（CIP）数据

"分形几何初步"进入高中课程研究 / 舒昌勇编
著. —沈阳：辽宁科学技术出版社，2022.11
ISBN 978-7-5591-2655-9

Ⅰ.①分… Ⅱ.①舒… Ⅲ.①分形学—教学研
究—高中 Ⅳ.①G633.632

中国版本图书馆CIP数据核字（2022）第145114号

出版发行：辽宁科学技术出版社
　　　　　（地址：沈阳市和平区十一纬路25号　邮编：110003）
印 刷 者：辽宁鼎籍数码科技有限公司
幅面尺寸：170mm×240mm
印　　张：15.25
字　　数：270千字
出版时间：2022年11月第1版
印刷时间：2022年11月第1次印刷
责任编辑：刘晓娟
封面设计：杜　江
责任校对：王玉宝

书　　号：ISBN 978-7-5591-2655-9
定　　价：38.00元

联系电话：024-23284376
邮购电话：024-23284502
http://www.lnkj.com.cn

前　言

2001年6月，国家普通高中数学课程标准研制工作正式启动。同年10月在上海举行的中国教育学会数学教学专业委员会第10届年会上，作为江西代表的笔者提出"'分形几何初步'进入高中课程研究"的问题，引起与会课程专家的广泛关注。老一辈数学教育家，数学课程专家张孝达、丁尔升、孙瑞清等先生鼓励笔者开展分形几何课程实验研究，为当时正在进行的高中数学课程标准研制提供参考。在教育部有关部门与标准研制组、江西省教育厅的支持和指导下，笔者组织了江西七个地市九所学校参与的分形几何初步课程实验。本书则汇集了这一被立项为国家高中数学课程标准实验项目的"分形几何初步课程实验研究"的全过程资料，包括三篇内容：设计篇，包括开展该项研究的总体构想与分形几何初步课程设计；研究篇，包括了该项实验用的一些主要材料：实验教科书、教辅资料及实验评价与参考资料、分形几何初步进入高中数学课程实验研究——实验校实施回眸等；成果篇，收有实验研究报告、标准研制阶段为标准研制组提供的分形内容的参考稿等一些初步研究成果。附录部分则含有分形几何课程实验研究记事等，并加入了分形几何的大事记。

在21世纪初期我国的第八次基础教育课程改革中，教育部制定的《普通高中数学课程标准（实验）》第三部分　内容标准三　数学探究、数学建模、数学文化中的"（18）海岸线与分形"是数学文化的一个选题，分形几何引起了不少老师和学生的关注和研究兴趣。近20年后，在《普通高中数学课程标准（2017版）》四、课程内容　（三）选修课程　D类课程　美与数学　1.美与数学的简洁中提到，"雪花、云彩、群山、海岸线、某些现代设计等美的共性与分形相关"。这让师生们深切感受到分形之美依然在陶冶人们的情操,在不断提高人们的精神境界。

由于分形几何是一门历史不长的数学新分支,但却已在许多学科领域获得广泛的应用,并且于20世纪80年代初期已进入美国芝加哥大学中学数学课程设计UCSMP。本书可为广大中学教师、高中学生和师范院校学生了解这样一门年轻的学科提供帮助,为中学课程研究人员提供参考。

"分形几何初步进入普通高中数学课程的可行性实验研究"课题的研究工作得到了众多单位和个人的支持,特别是教育部基础教育课程教材发展中心给予大力资助,国家高中数学课程标准研制组、江西省教育厅课题基地办、《数学通报》《数学教育学报》《中学数学研究》(南昌)编辑部、江西省教育学会中学数学教学专业委员会等单位给予热心扶持;数学教育界许多老一辈数学教育家与数学课程专家、江西省和赣州市教研室领导与中学数学学科组负责人、江西省南昌市等七个地市九所实验学校的领导对课题研究给予悉心指导和大力帮助。课题组全体成员对所有关心和支持本课题研究的单位、领导、专家和同人们致以最诚挚的谢意和最良好的祝愿!

本书框架和主要内容由笔者完成。徐小林参与了涉及计算机程序设计与作图所有内容的撰写;骆魁敏撰写了"现代信息技术引领学生步入分形几何殿堂"一文,并参与了"分形几何初步专题学习网站设计"的撰写。

时任教育部基础教育课程教材发展中心主任助理刘兼教授、国家高中数学课程标准研制组组长王尚志教授等对本课题和本书的出版提出了建设性意见并给予大力帮助;首都师范大学教师教育学院刘晓玫教授对全书的框架和内容提出了宝贵的意见,谨此致以衷心的感谢!

"分形几何初步进入普通高中数学课程的可行性实验研究"课题组 舒昌勇

2021年12月

目 录

设计篇

研究篇

成果篇

设计篇

对"分形几何初步"进入普通高中数学课程的思考

一、问题的提出

在国际数学课程改革中，几何学科的改革历来是人们关注的焦点。围绕刚告一段落的我国义务教育阶段国家数学课程标准的制订，针对几何内容的处理，同样引发了一场学术论争。随着研制普通高中数学课程标准的启动，这场论争依然在赓续，气氛的激烈，使人感到一股呛鼻的"火药味"；同时也使人对言者的坦诚和对中华民族教育事业高度的责任感而产生由衷的敬佩。作为对高中课程设计的探讨，笔者想提出的一个问题是，在设计新世纪的高中课程时，我们是否应该以一种创新的精神，挣脱传统欧氏几何体系的羁绊，站在时代和整个几何学发展的高度，全方位地审视对几何内容的处理，通过对现代数学新分支——分形几何学的初步知识在高中课程中的安排，改变"见木不见林"的课程模式，使学生能鸟瞰整个几何学世界，把握几何学发展的脉络，开拓几何思维的新空间。

分形几何是美籍法国数学家芒德勃罗在20世纪70年代创立的一门数学新分支，它研究的是广泛存在于自然界和人类社会中一类没有特征尺度却有自相似结构的复杂形状和现象，它与欧氏几何不同。欧氏几何是关于直觉空间形体关系分析的一门学科，它研究的是直线、圆、正方体等规则的几何形体，这些形体都是人为的。但是，"云彩不是球体，山岭不是锥体，海岸线不是圆周"，自然界的众多形状都是如此的不规则和支离破碎。对这些形状的认识，欧几里得并未能给后人留下更多的启示，传统的欧氏几何在它们面前显得那样的苍白无力。对大自然的这种挑战，2000年来，激励着一代又一代的数学家上下求索，探寻从欧氏几何体系中解放出来的道路。终于在1975年，芒德勃罗发表了被视为分形几何创立标志的专著《分形：形、机遇和维数》。从此，一门崭新的数学分支——分形几何学跻身于现代数学之林。经过近二三十年的开拓和发展，分形研究现已深入到各个科学技术领域，在哲学、数学、物理学、材料科学、计算机科学、地学、医学等众多领域，甚至在电影、美术和书法等艺术领域都得到了广泛的应用，对现代科学产生了至为深远的影响，所以美国著名物理学家惠勒说："可以相信，明天谁不熟悉分形，谁就不能被认为是科学上的文化人！"

二、分形几何进入高中课程的必要性探讨

（一）分形几何的创立是数学发展史上一次划时代的革命

欧几里得《几何原本》从公元前3世纪诞生以来直到18世纪末，在几何领域一直是一统天下。但它研究的只是用圆规和规尺画出的图形，这样的图形是简单的、平滑的。牛顿、莱布尼兹以后，由于微积分和几何学的结合，使较为复杂的形状得以表现，但这些形状仍是具有特征长度的、平滑的、可微分的。从这个意义上来说，分形否定微分，这是一个划时代的革命。对于这种标志着数学史上一次重大变革的新型几何语言，让高中学生进行初步的学习与体验，其意义应可与微积分初步进入高中课程相提并论。

（二）分形理论是描述现实世界的有力工具

数学是模式的科学。现实世界绝大多数的形状与现象都是不规则的、随机的、复杂的，欧氏几何无法对它们做出客观、准确的描述。在这样的背景下诞生的分形理论却使人们能以新的观念、新的手段来处理这些难题，有效地描述自然界和科学研究中遇到的各种各样的复杂形态，然后通过对这些不规则形态的研究，揭示隐藏在各种复杂现象后面的规律，揭示局部和整体之间的本质联系。所以一旦掌握了这种新型的几何语言，你就有了在各个科学领域绘制各种不规则图形，处理分析各种复杂现象和问题的强有力手段。继相对论和量子力学问世以来，20世纪物理学的第三次革命——混沌论就是以分形几何为其主要的数学工具。由于分形几何的加盟，混沌在自然和社会科学各领域的研究成果令人目不遐接，揭开了物理学、数学乃至整个现代科学的新篇章。所以日本著名分形专家高

安秀树说，分形"这一概念绝不仅是专家需要掌握的，而是在高中高年级或大学低年级时就应该开始学习，因为描述形状和现象是自然科学要走的第一步"。

（三）分形几何是培养创新思维的极好材料

从某种意义上来说，创新就是对传统的否定。芒德勃罗在酝酿、思索、研究到最终创立分形几何的过程，就是冲破了传统几何观念束缚的过程，在这一过程中显然都充满着创造性的思维和灵感，从而诞生的是一种异于传统几何的新型几何语言。表1充分体现了这一点。

表1   分形几何学与欧氏几何学的差异

	描述对象	特征长度	表达方式	维数
欧氏几何学	人类创造的简单的标准物体	有	数学公式	0或正整数
分形几何学	大自然创造的复杂的真实物体	无	迭代语言	一般是分数（也可以是整数）

显见，分形几何给学生带来的是一种全新的几何观念。让他们学习分形几何初步知识，帮助他们实现从欧氏几何领域向分形几何领域的认知的初步跨越，创新思维必将得到很好的培养。

其次，由于分形是一类无特征尺度的几何形体，所以无法用通常的度量：长度或重量或体积等参数去刻画其特征，而只能用分数维作为其复杂程度的定量表征，这是和学生已形成的传统维数观念相悖的：在欧氏几何里，点是0维的，线段是1维的，正方形是2维的，正方体是3维的；而分形的维数却一般是分数：三分康托尔集、三元科赫曲线、门杰海绵的维数分别是0.6309、1.2618、2.7268。这种维数观念太出格了，对学生固有的维数观念将产生强劲的冲击。尽管在高中阶段给学生介绍分数维只能达到"浅尝辄止"的地步，但这种对传统观念的突破，无疑也将对学生创新思维的形成大有裨益。

（四）有利于学生掌握数学思想方法，发展辩证思维，提高审美情趣

学生的数学学习，不仅仅是理解数学知识，更重要的是掌握数学的思想方法，在计算机科学极度发达的新世纪里，递归思想、迭代方法显得尤为重要，分形几何初步进入高中课程，通过用计算机作分形图，则为学生体会递归思想，掌

握迭代方法提供了广阔的空间；同时，在分形的计算机生成中，学生会发现，许多结构复杂的分形图，都以非常简单的方法定义（即对应着一个简单的映射），经过反复的迭代产生，从而昭示"简单中孕育着复杂"的深刻哲理，使学生的辩证思维得以发展。另一方面，计算机生成的这一朵朵数学奇葩，其千姿百态，无不透溢出一种美的情趣，使学生在学习过程中受到美的熏陶。

（五）分形几何是教材现代化的需要

早在1977年，"十年动乱"刚刚结束，邓小平就敏锐地抓住了教育改革的核心——课程教材问题。他指出："关键是教材，教材要反映出现代科学文化的先进水平……"通过数学界人士不懈的努力，经过20多年的坎坷之路，教材现代化取得了可喜的进展：微积分初步终于在现行高中教材中赢得了一席之地，向量、概率与统计也成为高中学生的必修或选修内容。但这样的进展与数学学科本身和现代科技的发展仍有较大差距。面对这种状况，老一辈课程专家丁尔升先生提出了面向新世纪数学课程设计的若干问题；人教社数学编审方明一先生也撰文指出我国高中课程存在着内容陈旧、知识面过窄、内容结构单一的现状；著名数学教育家严士健先生在1999年底举行的"现代数学及其对中小学课程的影响"座谈会上说："现有中小学教育……忽视了数学本身的发展……与现代社会与数学的发展有着很大的反差。"2000年底的"中国数学会中小学数学教育改革研讨会"上，教育部基础教育司课程教材发展中心负责人在发言中谈到，目前在我国进行的基础教育课程改革的基本核心是"建立高质量的基础教育"，在对"高质量"的解释中，特别强调的一点就是教材要"反映现代科技和学科的最新进展"。因此，接受第三次国际数学和科学研究（TIMSS）对我们的重要启示："面对21世纪的挑战，数学课程内容要反映现代科学技术中的核心数学知识，新的数学研究成果应在数学课程内容中得到一定的体现"，将现代学术的新思潮，数学学科的最新发展——分形几何初步知识安排进入高中课程是十分必要的，这也是对教育部2001年7月颁布的《基础教育课程改革纲要》中"加强课程内容与现代科技的联系"要求的具体落实。

将学科最新发展融入课程方面，美国堪称典范。始于1983年的美国芝加哥大学中学数学课程设计（UCSMP）中，高中代数第14章"维数和空间"的第8节安排的就是分形内容。它首先是通过几个具体例子来说明什么是分形以及它的自相似结构，然后从解析海岸线的测量问题引出分数维的概念，并指出分数维是分形特征的一种量化度量。用了不长的篇幅，就使学生对刚刚创立不久的研究大自然中广泛存在的复杂结构的分形几何有了一个初步的了解。有消息报导，在美国，分形内容现已不止在一种教材中出现。

三、分形几何进入高中课程的可行性分析

（一）观念的准备——专家们呼声鹊起：分形几何应进入中学课程

任何改革都必须以观念的更新为先导。近年来，我国一些课程专家在许多场合，以各种方式呼吁分形几何应进入中学教材。2000年（南京）数学教育高级研讨班上，人教社数学编审田载今先生就中国的几何教学改革所作的发言中指出，中国的几何教材"内容更新不足""反映现代几何学内容不够"，谈到"近年来，国外几何教材在反映新内容方面有许多新的做法，例如，分形几何、图论初步知识进入教材"，认为我们设计高中课程应予借鉴。参与了义务教育阶段国家数学课程标准研制的孔凡哲、史炳星先生也分别撰文建议新的数学课程标准增加分形几何等现代几何思想简介，呼吁把分形几何带进中学生的课堂。

（二）分形几何内容具备新世纪课程设计理念所要求的具有"现实性、趣味性、富有挑战性"

美丽的分形图，是大自然景物的抽象，它无比丰富的细节、绚丽多彩的结构会使学生流连忘返。而分数维却因悖于学生原有的维数认识，对学生传统的维数观念提出了挑战。

（三）中学数学内容中容易找到分形几何的生长点

分形几何与欧氏几何虽然观点迥异，但它们联系密切，容易在欧氏几何的知识点中找到分形几何滋生的土壤，等比数列即为一例。易知，由正三角形构作科赫雪花曲线过程中所得一系列图形的周长与面积均构成一等比数列。利用等比数列求和公式可求得构作进行到n步时图形的周长和面积，并且当$n \to \infty$时，学生会发现其无限的周长却围着有限的面积！这显然与欧氏几何图形的性质迥异。所以在等比数列前n项和公式与数列极限的求法后面，不失时机地编入揭示科赫雪花

曲线这一奇异性质的内容，就会显得有机和自然，实现学生认知的同化。

（四）普通高中开设计算机必修课为分形图的制作提供了方便

多方面的因素限定了我们在高中仅能介绍分形几何的初步知识，而对一些典型分形图的认识却应是其中一个主要内容。根据教育部2001年初颁发的《中小学信息技术课程指导纲要》的要求，从2001年秋季起，普通高中都将开设计算机必修课。这就为学生可通过用字符串替换算法递归产生分形树、科赫曲线等一些漂亮图形来加深对分形的认识，体会分形理论和计算机技术结合的威力提供了便利的条件。

四、分形几何进入高中课程的操作性研究

（一）内容的选择

分形几何发展的历史不长，却引起了人们极大的兴趣，因而取得了丰硕的研究成果，其学科内容是十分丰富的。但限于高中数学的总课时数和学生的认知水平，只可能在课程中安排少量的、初步的知识。可考虑如下内容：

一些经典分形图：康托尔三分集、科赫雪花曲线、谢尔宾斯基垫片、"有皮没有肉"的门杰海绵、恶魔的阶梯等；

科赫雪花曲线的字符串替换算法作图；

特征长度，分形的自相似性的认识；

海岸线的测量问题，海岸线与科赫曲线的本质联系；

皮亚诺曲线与分数维的初步知识；

"病态"怪物画廊的回顾：分形几何简史与芒德勃罗生平简介。

（二）内容的安排

1. 内容安排的整体构思

（1）采用美国UCSMP教材的做法，将上述内容编为一章。可将其列入高三开设的限定选修课内容，排在极限内容之后。考虑到分形理论在自然和社会科学各领域均有重大的理论和实用价值，在文、理、实科都应安排。但在文、实科对分数维内容处理上应与理科有所区别。

（2）按上海新编高中教材对微积分的"套筒式"处理方法，分步到位。即将内容分年级安排。上述内容（4）、（5）两项可放在高三限定选修课中，其余内容可编入高一、高二必修课中。

2. 内容在教材中的呈现方式

内容安排采用上述第一种构思时，以专题的形式呈现；采用第二种构思时，可考虑以下三种形式：

（1）以阅读材料的形式呈现。例，分形几何简史和芒德勃罗生平，分数维的发现等；

（2）以研究性课题的形式呈现。例，分形的降维构造：康托尔三分集及其在二维平面和三维空间中的推广；

（3）以作业的形式呈现。例，科赫雪花曲线的周长和面积的探求。

（三）操作涉及的两个问题

1. 知识点配套问题

1998年教育部关于《现行普通高中数学教学内容调整范围》中，将幂函数$f(x)=x^a$的考查范围限于 a 在集合$\{-2, -1, -\frac{1}{2}, \frac{1}{3}, \frac{1}{2}, 1, 2, 3\}$中取值。从2001年秋起在全国85%以上省、市、自治区使用的高中新教材中，已将幂函数删除。由于分形具有自相似特征，其状态的复杂程度可用某幂函数的指数，即分数维来刻画，建议高中教材恢复幂函数内容，但可限于1998年教育部的调整范围中。

另外，分形是具有无限嵌套层次的一种几何结构，在其研究中"相似比"是一个重要概念，而义务教育阶段《国家数学课程标准》的"空间与图形"部分并未曾明确给出这一概念，是否能考虑其他补救措施，为高中学生理解分形结构做好铺垫。

2. 师资问题

由于分形几何学是数学的一个新分支，所以一般高师院校都未曾开设这门课。这就导致了高中教学这一内容的师资困难。是否可采用1997年两省一市进行高中数学新教材试验的做法，先期请人教社的专家开展培训，让教材编写者与教师直接见面，介绍教材中编入分形几何初步内容的意图和特点，当面解答教师提出的一些具体问题，帮助教师尽快熟悉这一内容，减轻教学的困难。事实上，这样的困难也不会延续多长时间,因近年已有不少高等院校纷纷开设了分形几何学必修或选修课;华东师大第二期中学数学骨干教师国家级培训也以一种在数学大观园游览观光的方式让学员领略了一回分形几何的风采,这些对缓解师资困难无疑是一个福音。

分形几何学的创立,对整个几何学的发展产生了重大影响,其本身表现出蓬勃的生机。它之所以有活力,是因为它带来了新鲜的几何思想,开辟了几何学的新天地,所以用不太多的时间,通过具体的题材,深入浅出地让学生领略分形几何的特色和威力,应是普通高中课程建设引人注目的议题。

参考文献

[1] 芒德勃罗 B. 大自然的分形几何学[M]. 陈守吉, 凌复华, 译. 上海: 上海远东出版社, 1998.

[2] 齐东旭. 分形及其计算机生成[M]. 北京: 科学出版社, 1994.

[3] 高安秀树. 分数维[M]. 沈步明, 等译. 北京: 地震出版社, 1989.

[4] 吴祥兴, 陈忠. 混沌学导论[M]. 上海: 上海科学技术文献出版社, 1996.

[5] 张济忠. 分形[M]. 北京: 清华大学出版社, 1995.

[6] 钱佩玲. 分形几何——从UCSMP教材内容引发的思考[J]. 数学通报, 1997(10): 36-41.

[7] 张劲松. 第三次国际数学和科学研究(TIMSS)简介及其启示[J]. 课程·教材·教法, 1998(10): 59-61.

[8] 田载今. 我国现行高中几何教材的主要优点与不足[J]. 课程·教材·教法, 2001(2): 14-18.

[9] 孔凡哲. 关于国家数学课程标准研制工作的思考[J]. 课程·教材·教法, 2000(2): 31-33.

[10] 史炳星. 把分形几何带进中学生的课堂[J]. 数学通报, 2000(3): 9-11.

[本文刊于《数学通报》(北京), 2002, 3; 被人大书报资料中心《中学数学教与学》, 2002,11全文转载; 且被《全面推进素质教育 改革数学课堂教学》(全国中学数学教育第十届年会论文特辑), 人民教育出版社, 2002, 6全文收录]

"分形几何初步"课程设计

一、导言

分形几何学是美籍法国数学家伯努瓦·B. 芒德勃罗（Benoit B. Mandlbrot）在20世纪70年代创立的一门新学科，与欧氏几何学在研究对象等诸多方面迥然不同（见本书《对"分形几何初步"进入普通高中数学课程的思考》表1）。它的创立，为描述自然界和社会系统中大量存在的不规则图形和现象提供了相应的思想方法，为解决传统科学众多领域的难题提出了全新的思路，因而分形、混沌、孤立子成为现代非线性科学三个最重要的概念。目前我国正在进行的基础教育课程改革，为这门充满活力的新学科在普通高中数学课程中渗透创造了一个良好的契机。作为对《基础教育课程改革纲要》"加强课程内容与现代科技的联系"的落实，受美国芝加哥大学中学数学课程设计（UCSMP）的启迪，用不多的几个课时，通过具体的题材，深入浅出地让学生认识一个全新的几何学世界，领略一种全新的几何思维方式，应是普通高中课程建设引人注目的议题。作为对国家高中数学课程标准研制的前期探索，以及对我国当前尚处于襁褓中的校本课程开发的研究，今提出《分形几何初步》课程设计，祈专家指谬。

二、课程目标

通过本课程，高中学生能够做到：

（1）形成对数学学科发展前沿的敏感性和关注意识。

（2）对分形几何学科有初步的认识，了解其一些基本的概念和图形，拓展几何思维。

（3）感受分形的美学魅力，体会计算机技术在数学可视化方面的作用，形成运用信息技术的自信心和实践能力。

（4）丰富对局部与整体、简单与复杂关系的认识，发展辩证思维。

三、课程内容

1. 选择的原则

（1）基础性

根据课程目标和课时的限制，只能遴选分形几何的基本图形、基本原理、基本思想及其计算机作图的基本方法；对分形几何的发展历程和其创始人作简要的介绍。

（2）可接受性

分形几何学科牵涉到许多高等数学知识，需较高层次的思维能力，内容的选择要充分考虑高中学生已有的知识基础和思维水平。

（3）过程性

关注知识形成的过程，为学生经历将实际问题抽象成数学模型并进行解释和应用的过程提供机会。

（4）实践性

为学生提供实践操作的广阔空间。

2. 课程内容

根据课程选择的原则，可遴选以下内容：

（1）分形美的欣赏。

（2）基本分形图。

（3）引发分形几何诞生的英国海岸线长度问题及其数学模型。

（4）特征长度概念与分形的自相似性。

（5）分形的量化表征——几种基本的分数维数的概念与简单的计算。

（6）计算机生成分形的两种基本方法：L系统与迭代函数系统的原理与简单操作。

（7）分形的定义与性质。

（8）分形的理论意义和实用价值的通俗阐述，分形研究的前景。

（9）分形几何学的创始人生平简介。

四、课程实施

1. 课程材料编制

（1）教材编写

①教材编写的指导思想

a. 准确把握内容阐述的深度和广度。

b. 用与学生已有的生活经验、知识体验、心理发展水平相适应的方式呈现教学内容。

c. 注重知识的创造性应用，问题与练习注重从学生有体验的生活现象中选择题材，努力创设一种新的情境。

d. 注重过程探索，内容叙述和问题设置，为学生提供广阔的探索空间。

e. 加强信息技术与教学内容的整合，发展实践能力。

f. 图文并茂，有较强的可读性、启发性、趣味性。

②教材结构模式

分节安排内容，每节内容配备一定数量的例题和习题。内容结束后设置复习题。设置研究性课题与阅读材料穿插教材中，与内容构成一个有机的体系。

（2）教学指导书的编写

以"教学建议"的方式提出教学参考意见，包括教材分析和教学建议两项内容，适当列举与教学内容有关的资料，最后给出习题答案或提示。

分节以"教学设计"的方式写出教案，含教学目标、教学重点和难点、教学过程等部分。

2. 课程实验

（1）制订实验计划。

（2）选取实验样本：采用随机抽取现存自然班的方式完成。

（3）教师培训：以集中的形式讲授教材、教参、教案的使用方法，请专家讲授实验方法及论文写作方法。

（4）实施实验教学：各实验校教师分头进行。

（5）实验结果检测：对学生考核、观察和对专家、教师与学生问卷调查、访谈等。

（6）检测结果分析：定性与定量分析相结合。

五、课程评价

1.评价的原则

（1）整体性原则。课程是一个诸多要素的集合体，要求构建一个多层面的评价系统，不仅有对学生的评价，也有对校长、教师的评价，对学校和社会教育资源的评价。同时也包括上述评价对象对课程本身的评价。

（2）过程性原则。评价关注整个课程方案及其实施过程。包括课程设计、课程材料编制、课程实施的过程与结果，尤其关注课程实施中学生情感与态度的发展。

（3）多元化原则。①评价主体的多元化：构建以课程专家、学科专家、教育行政部门负责人、教师、学生组成的"共同体"。②评价内容的多元化：从课程的价值取向、科学性、教育功能、目标达成程度等方面进行评价。③评价形式多元化：对设定的不同目标采用与之相应的方式与手段，增加评价的内、外部效度和可信度。

（4）综合性原则。收集的评价资料有系统性。对资料进行实事求是的综合整理与统计分析，增加评价结果的可靠性。

2.评价内容

（1）课程的价值取向。课程定位如何？是学生本位，社会本位，还是学科本位？抑或是其中某些因素的组合？

（2）科学性。包括：①课程材料的科学性。②课程实施的科学性。③课程评价观念的科学性。④课程评价模式的科学性。

（3）课程的教育功能。包括：①培养学生关注学科前沿的意识。②学生的创新意识和思维的发展。③学生对课程的兴趣和信心。

（4）目标达成程度。包括：①学科基础知识的掌握。②技能的形成。③创新（主要是类比创新）、实践能力的发展。

3. 评价方法

（1）问卷调查。设计三套问卷：①教育行政部门负责人问卷。②教师问卷。③学生问卷。

（2）书面测验。在课程结束后进行。考试时间：90分钟。

（3）课堂观察。由实验教师每节课后填写课堂观察项目表。

（4）访谈包括：①实验教师平时与学生的交谈，设立专门记录。②意向性访谈，按预先拟订的访谈提纲进行。包括实验教师与有代表性的学生访谈（每实验校至少3人次），课题组主要成员与实验教师访谈（每实验校至少1人次），均要求记录认真详细。

（5）小论文与作业分析。侧重参与程度评价，记分采用等级制。

4. 评价结果分析与形成研究报告

采用定性与定量相结合的方法对收集的评价资料进行统计分析。对评价结果给出定性或定量描述，在此基础上形成课程研究报告，对课程设计综合评价，提供课程决策部门参考。

参考文献

[1] 丁尔升, 唐复苏. 中学数学课程导论[M]. 上海: 上海教育出版社, 1994.

[2] 钱佩玲. 分形几何——从UCSMP教材内容引发的思考[J]. 数学通报, 1997(10): 36–41.

[3] 刘兼. 21世纪中国数学教育展望(1)[M]. 北京: 北京师范大学出版社, 1993.

[4] 齐东旭. 分形及其计算机生成[M]. 北京: 科学出版社, 1994.

[5] 张济忠. 分形[M]. 北京: 清华大学出版社, 1995.

[6] 梁宗巨, 王青建, 孙宏安. 世界数学通史(下册)[M]. 沈阳: 辽宁教育出版社, 2001: 941–953.

[7] 裴娣娜. 教育研究方法导论[M]. 合肥: 安徽教育出版社, 1995.

[8] 刘启迪. 内地、台湾、香港义务教育课程之比较研究[J]. 课程·教材·教法, 2000(9): 45–48.

[9] 唐江澎, 崔允漷, 王建军. 校本课程的研究与实验[J]. 课程·教材·教法, 1999(2): 18–22.

研究篇

YANJIUPIAN

"分形几何初步"进入普通高中数学课程的可行性实验研究计划

一、课题的提出

分形几何是20世纪70年代由美籍法国数学家芒德勃罗创立的一门数学新分支。它和传统欧氏几何以规则图形为研究对象不同,研究自然界和社会系统中不规则的图形和现象。与混沌学、孤立子理论成为现代非线性科学的三大理论前沿,并在许多学科领域得到广泛的应用。对这样一门发展前景十分诱人的新学科,美国中学数学教材UCSMP已用8页的篇幅给中学生作了初步介绍(钱佩玲:分形几何——从UCSMP教材内容引发的思考。数学通报。1997,10),钟善基主编,北京师范大学出版社新修订版"五·四"学制初中几何第二册(初三用)也增设有"4.9 探究性活动——奇妙的雪花曲线"一节课文。根据教育部《基础教育课程改革纲要》"加强课程内容与现代科技的联系"的要求,我国当前正在进行的高中数学课程改革和校本课程开发能否对此有所借鉴,以少量的篇幅让中学生了解分形几何的基本思想和初步知识,除有必要在理论上进行探讨外,还必须有实践研究的基础。后者正是本实验的宗旨所在。

二、实验目的

通过"分形几何初步"进入普通高中数学课程的可行性(包括内容选择、目标设定、教师施教、学生接受、教学评价等方面)的研究,为普通高中数学课程标准的研制和校本课程开发提供参考。

三、基本理论与实验假设

分形几何初步知识，能在高一年级学生已有的知识储备中找到其生长点，按照奥苏贝尔同化学习理论，高一学生应能理解。

四、研究方法

（一）样本

取江西师大附中、江西省修水一中、乐平中学、上饶二中、南昌十五中、上犹中学、吉安敦厚中学、宜丰二中等8所中学（其中重点中学5所、普通中学3所）高一年级计16个班，共1018名学生为样本。样本的选取采用随机抽取现存自然班的方式完成。为使样本更具代表性，同时考虑了以下因素：①根据分形理论的抽象程度，课程应为对数学有较高要求的学生而设置，因此选取的重点高中的所数多于普通高中的所数；②与本实验教材相关的数列、对数等知识现行高一年级学生均已学完。

（二）自变量

用约12课时讲授普通高级中学"分形几何初步"实验教科书的内容：

（1）分形——"病态"的"数学怪物"

（2）英国的海岸线有多长

　　研究性课题：科赫雪花曲线的周长与面积

（3）特征长度与分形的自相似性

（4）分数维及其计算

（5）什么是分形

　　阅读材料：芒德勃罗生平简介（学生自行阅读）

　　研究性课题：字符串替换算法作科赫雪花曲线

（6）分形几何学的意义与前景、总复习

（三）因变量

教师与学生对分形几何初步的认识、兴趣、态度及该内容统一测试的成绩所反映学生对知识的掌握情况。

（四）控制变量

教师与学生对学习分形几何初步课程意义的认识；学校领导对实验的支持；教师对实验教材的理解及对实验的正确操作。

（五）实验设计（单组后测准实验设计）

基本模式：X　O

解释：X为实验处理变量，O为接受处理后的测试结果。

五、实验步骤

（一）课题的确定（2001年11月）

课题负责人舒昌勇的论文《对"分形几何初步"进入普通高中数学课程的思考》2001年10月在中国教育学会中学数学教学专业委员会第十届年会上引起与会课程专家的广泛关注，安排在大会发言。张孝达、丁尔升、孙瑞清等先生要求开展该课程的实验研究，探讨分形几何初步进入普通高中数学课程的可行性，为高中数学课程改革和标准研制提供参考。实验的设想得到教育部基础教育课程教材发展中心领导和国家高中数学课程标准研制组负责人王尚志教授的支持，并提出指导性意见，据之进行教材和与之配套的课程材料建设，开始进入课题的实验研究阶段。

（二）实验准备

（1）学习丁尔升等《中学数学课程导论》、裴娣娜《教育研究方法导论》、张君达等《数学教育实验设计》等论著，为编写教材和制订实验计划作准备。（2001年11—12月）

（2）编写与修订普通高级中学"分形几何初步"实验教科书与教学参考资

料、评价资料。（2001年11月—2002年4月）

（3）筹建"分形几何初步进入普通高中数学课程的可行性实验研究"课题组。（2001年12月—2002年5月）

（4）制订实验计划并向江西省教育厅课题基地办、国家高中数学课程标准研制组申请课题立项。（2002年3月）

（5）课程实验材料的印刷与分发。（2002年5月）

（6）教师培训：以实验教科书和教学参考资料为材料培训教师；请专家讲授实验方法。通过培训，使参加实验的教师掌握实验教材的编写思想，知识体系，开展实验的步骤与方法。（2002年5月18日—6月9日）

（三）实验实施

各实验校教师讲授实验教材：用活动课、自习课时间计6～10课时讲授完全部内容，习题随堂解决。（2002年6月10—30日）

（四）实验结果检测

（1）学生统一测试：用课题组统一编制的试卷了解学生对实验教材内容的理解与掌握情况。各实验校分别进行，全卷100分。考试时间：60分钟。（2002年6月下旬）

（2）开展各种形式的评价，了解学生、实验教师、校长对课程的认识和态度。评价按制订的课程评价资料执行。（2002年6月下旬—7月4日）

（五）实验结果分析

各实验校收集各种评价资料进行统计、梳理、分析、综合，形成各校实验报告上交课题组。要求对分形几何初步进入普通高中数学课程是否可行、内容选择、课程目标设定等提出具体意见。在此基础上形成课题组实验报告。（2002年7月5日—9月30日）

普通高级中学"分形几何初步"实验教科书

一、分形——"病态"的"数学怪物"

19世纪后半叶起，数学家们在研究函数的连续性时构造出一类不符合人们传统观念的集合，当时引起数学界的震惊。孰不料在此后的半个世纪里，数学家们接二连三地构造出一批这样的集合，它们的形状与性质和传统的几何对象大相径庭，被人们称为"反直觉的""病态"的"数学怪物"。但这类集合却往往由非常简单的规则经反复迭代生成。

（一）康托尔三分集

1883年，德国数学家康托尔（G. Cantor）构造了一个奇异集合：取一条长度为1的直线段E_0，将它三等分，去掉中间一段，剩下两段记为E_1，将剩下的两段再分别三等分，各去掉中间

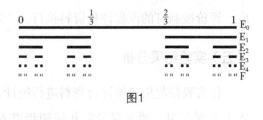

图1

一段，剩下更短的四段记为E_2，……，将这样的操作一直继续下去，直至无穷，得到一个离散的点集F（图1），称为康托尔三分集。

在康托尔三分集的构造过程中，如果每一步都用掷骰子的方法来决定去掉被分成的三段中的哪一段，或来选择去掉线段的长度，就会得到很不规则的随机康托尔集［图2（a）、图2（b）］，1958年它被在美国IBM公司供职的芒德勃罗（B. Mandelbrot）用作描述通信线路中噪声分布的数学模型，如今在现代非线性

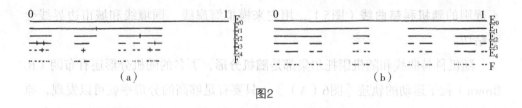

（a）　　　　　　　　　　　（b）

图2

动力学的理论研究中有重要地位。

（二）科赫曲线

1904年，瑞典数学家冯·科赫（H. V. Koch）构造了著名的魔线：取单位长度线段E_0，将其等分为三段，中间的一段用边长为E_0的$\frac{1}{3}$的等边三角形的两边代替得到E_1，它包含四条线段；对E_1的每条线段重复同样的操作后得E_2，对E_2的每条线段重复同样的操作后得E_3；……，继续重复同样的操作无穷次时所得的曲线F称为**科赫曲线**（图3）。

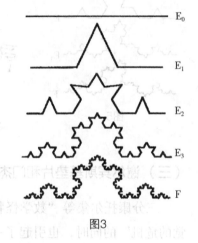

图3

由上可知，科赫曲线是对E_0"——"反复实施变换"＿∧＿"形成的，我们称E_0"——"为**初始元**，"＿∧＿"为**生成元**（或分形元）。

若把初始元E_0"——"改为边长为1的等边三角形，对它的三边都反复施以同样的变换"＿∧＿"，直至无穷，

图4

最后所得图形称为科赫雪花曲线（图4）。它被用作晶莹剔透的雪花模型。

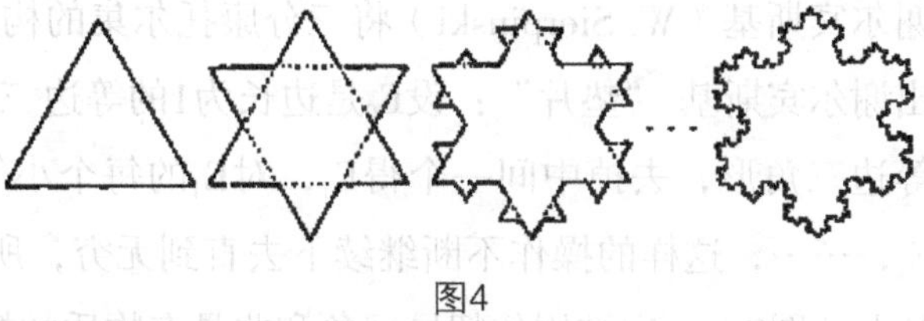

议一议：

康托尔三分集的初始元、生成元各是什么？

在科赫曲线构造过程的每一步，每次去掉中间$\frac{1}{3}$长的一段，用与去掉线段等长的等边三角形的两边来代替时，如果用掷硬币的方法来决定新添上的部分位于被去掉部分的"上边"或"下边"，经过几步后，会得到一个看起来相当

不规则的**随机科赫曲线**（图5），用它来模拟海岸线、国境线和城市边界线会更贴切。

随机科赫曲线和随机康托尔集都是**随机分形**，著名的随机分形还有布朗（R. Brown）粒子运动的轨迹［图6（A）］，只要有足够高的分辨率就可以发现，原来的直线段部分，其实都是由大量更小尺度的折线连接而成的［图6（B）］，这种轨迹在物理学、化学和生物学中非常重要。

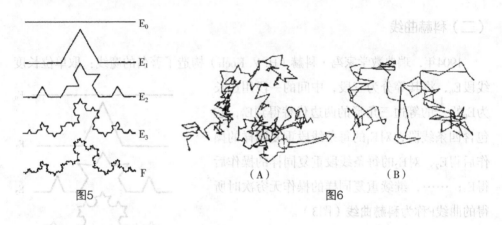

图5　　　　　　　　　　　　（A）　　　　　　　（B）

图6

（三）谢尔宾斯基垫片和门杰海绵

三分康托尔集等"数学怪物"的出现，使相当一部分传统数学家感到"直觉的危机"的同时，也引起了一些数学家的兴趣。1915—1916年，波兰数学家谢尔宾斯基（W. Sierpinski）将三分康托尔集的构造思想推广到二维平面，构造出谢尔宾斯基 "垫片"：设E_0是边长为1的等边三角形区域，将它均分成四个小等边三角形，去掉中间一个得E_1，对E_1的每个小等边三角形进行相同的操作得E_2，……，这样的操作不断继续下去直到无穷，所得图形F称为谢尔宾斯基"垫片"（图7）。它被用作超导现象和非晶态物质的模型。

将类似的操作施以正方形区域（与前面不同的是这里将正方形九等分）所得

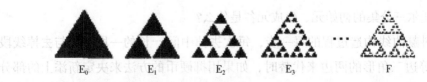

E_0　　　　E_1　　　　E_2　　　　E_3　　…　　F

图7

图形F称为**谢尔宾斯基"地毯"**（图8）。

数学家门杰（K. Menger）从三维的单位立方体出发，用与构造谢尔宾斯基地毯类似的方法，构造了门杰"海绵"[①]（图9）。这种"百孔千窗""有皮没有肉"的结构表面积无穷大，是化学反应中催化剂或阻化剂最理想的结构模型。

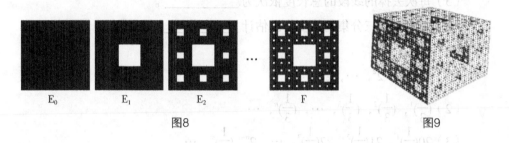

图8　　　　　　　　　　　　　　　　　　　图9

例1　1890年，意大利数学家皮亚诺（G. Peano）构造了著名的皮亚诺曲线，这条曲线最终能填满整个平面区域。图10是它构作的头几步，则它的初始元是（　），生成元是（　）。

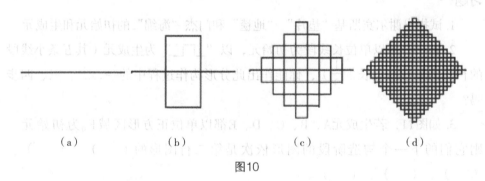

（a）　　　　　（b）　　　　　（c）　　　　　（d）

图10

解：据观察，皮亚诺曲线是对直线段（a）不断施以同一种变换：将原图中所有线段三等分，以中间一段为一边向线段两旁各作一正方形构作成的，所以初始元为（a）；生成元为（b）。

例2　康托尔三分集的生成中，使人感到线段的条数和长度都存在某种规律性，请以此为背景材料，结合数列有关知识编制一道习题，并附简答。

解：根据其生成中每次去掉的线段数和线段长度以及剩下线段长度的规律或

[①]1999年以前除[加]凯依著《分形漫步》外的大部分分形论著中，均称之为谢尔宾斯基海绵，芒德勃罗在《大自然的几何学》1998年最新修订版中对此加以了更正，并特别予以说明。

趋势，可编置习题：

在康托尔三分集的生成中，n为实施次数，

（1）每次去掉的线段数依次为 _____。

（2）每次去掉的线段每条的长度依次为 _____。

（3）每次去掉的线段的总长度依次为 _____。

（4）对康托尔三分集的长度作出估计 _____。

简答：

（1）2^0, 2^1, 2^2, $\cdots$, 2^{n-1}, $\cdots$

（2）$(\frac{1}{3})^1$, $(\frac{1}{3})^2$, $(\frac{1}{3})^3$, $\cdots$, $(\frac{1}{3})^n$, $\cdots$

（3）$2^0(\frac{1}{3})^1$, $2^1(\frac{1}{3})^2$, $2^2(\frac{1}{3})^3$, $\cdots$, $2^{n-1}(\frac{1}{3})^n$, $\cdots$

可估计康托尔三分集的长度等于0。

习题一

1.试指出谢尔宾斯基"垫片""地毯"和门杰"海绵"的初始元和生成元。

2.若一分形以单位长线段为初始元，以"⌐∟"为生成元（其五条小线段的长均为单位线段长的$\frac{1}{3}$），你能作出此分形构作过程中的一、二、三、四步吗？

3.如图11，若生成元A、B、C、D、E都以单位正方形区域E_0为初始元，则它们的下一个构造阶段的图形依次是第二行图形的（　）、（　）、（　）、（　）、（　）。

4.在谢尔宾斯基地毯的生成（图8）中，每次挖掉的是正方形区域的内心而留下了它的边，n为实施次数，

（1）用n表示新正方形的个数。

（2）用n表示新正方形的边长。

（3）你还能提出哪些问题？

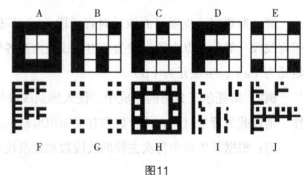

图11

5. 以边长为1的等边三角形为初始元的科赫雪花曲线形成过程中（图4），图形所围成的面积S_n逐渐增大，但总有（　　）

（A）$\dfrac{\sqrt{3}}{4}<S_n<\dfrac{\sqrt{3}}{3}$　　（B）$\dfrac{\sqrt{3}}{3}<S_n<\dfrac{\sqrt{3}}{2}$

（C）$\dfrac{\sqrt{3}}{2}<S_n<\dfrac{\pi}{3}$　　（D）以上都不对

二、英国的海岸线有多长

海岸线的长度问题，按传统科学方法来考虑是极其简单的。可是美籍法国数学家芒德勃罗1967年在国际权威的美国《科学》杂志上发表的论文《英国的海岸线有多长？统计自相似性与分数维数》中，得出的答案却令人惊异：英国的海岸线长度是不确定的！它依赖于测量时所用的尺度。

原来，海岸线由于海水长年的冲刷和陆地自身的运动，形成了大大小小的海湾和海岬，弯弯曲曲极不规则。测量其长度时如以公里为单位，则几米到几百米的弯曲就会被忽略不能计入在内，设此时的长度为L_1；如改用米作单位，结果上面忽略了的弯曲都可计入，但仍有几厘米、几十厘米的弯曲被忽略，此时得出的长度$L_2>L_1$；同样的，用厘米作单位，所得长度$L_3>L_2>L_1$，…。采用的单位越小，计入的弯曲就越多（图12），海岸线长度就越大。可以设想，用分子、原子量级的尺度为单位时，测得的长度将是一个天文数字。这虽然没有什么实际意义，但说明随测量单位变得无穷小，海岸线长度会变得无穷大，因而是不确定的。所以长度已不是海岸线最好的定量特征，为了描述海岸线的特点，需要寻找另外的参量。

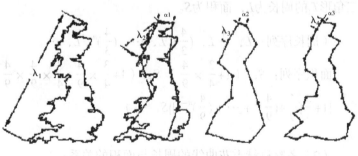

图12

海岸线长度问题，芒德勃罗最初是在英国科学家理查逊（L. F. richardson）的一篇鲜为人知的文章中遇到的。这个问题引起他极大的兴趣，并进行了潜心研究。他独具慧眼地发现了1961

年理查逊得出的边界长度的经验公式$L(r)=Kr^{1-a}$中的a就可以作为描述海岸线特征的这种参量，他称之为"量规维数"，这就是著名的分数维数之一。这一问题的研究，成为芒德勃罗思想的转折点，分形概念从这里萌芽生长，使他最终把一个世纪以来被传统数学视为"病态的""怪物类型"的数学对象——康托尔三分集、科赫曲线等统一到一个崭新的几何体系中，让一门新的数学分支——分形几何学跻身于现代数学之林。

习题二

1. 为什么长度已不是海岸线的特征量？

2. 为什么在测量海岸线长度时，随测量单位的减小，海岸线长度会越来越大？

研究性课题：科赫雪花曲线的周长与面积

（1）台湾1995年联考试题：在如下的雪花曲线T_1，T_2，…，T_n，…中（图13），求第n条雪花曲线的长度。

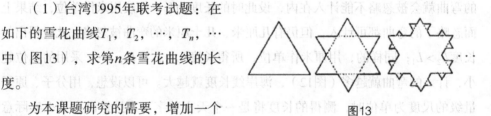

图13

为本课题研究的需要，增加一个问题：并求雪花曲线面积，且可设原三角形T_1的周长为L，面积为S。

（周长序列：L，$\dfrac{4}{3}L$，$\left(\dfrac{4}{3}\right)^2 L$，…，$\left(\dfrac{4}{3}\right)^{n-1}L$，…。

面积序列：S，$\left(1+\dfrac{3}{4}\times\dfrac{4}{9}\right)S$，$\left(1+\dfrac{3}{4}\times\dfrac{4}{9}+\dfrac{3}{4}\times\dfrac{4}{9}\times\dfrac{4}{9}\right)S$，…，

$\{1+\dfrac{3}{4}[\dfrac{4}{9}+\left(\dfrac{4}{9}\right)^2+\cdots+\left(\dfrac{4}{9}\right)^{n-1}]\}S$，…）

（2）考察科赫雪花曲线的周长与面积的关系：

①取$L=3$cm，用CZ1206型计算器计算$n=5$，9，17时L_n和S_n的值。

（$L_5=9.48$cm，$L_9=29.97$cm，$L_{17}=299.32$cm；

$S_5=0.6827$cm^2，$S_9=0.6924$cm^2，$S_{17}=0.6928$cm^2。

显然，随 n 的无限增大，$(\frac{4}{3})^{n-1} \times 3$ 也无穷大，

$$\{1+\frac{3}{4}[\frac{4}{9}+(\frac{4}{9})^2+\cdots+(\frac{4}{9})^{n-1}]\}\frac{\sqrt{3}}{4} \times 1^2$$

$$=(1+\frac{3}{4} \times \frac{\frac{4}{9}}{1-\frac{4}{9}})^{①} \times \frac{\sqrt{3}}{4} \times 1^2=0.6928(\text{cm}^2)$$

②从以上计算得出的数值或数值变化的趋势，你发现了什么结论？

（科赫雪花曲线周长趋于无穷大而面积为定值。）

（3）设正三角形与圆的周长分别为 L 和 C，探索各自的面积与周长的关系并叙述出来。

（$S_{\text{正三角形}}=\frac{\sqrt{3}}{36}L^2$，$S_{\text{圆}}=\frac{1}{4\pi^2}C^2$，它们的面积与周长是一种正比例关系，随周长的增大面积也增大。）

将2、3中结论相比较，体会芒德勃罗为什么把科赫雪花曲线作为海岸线的数学模型。

（4）撰写研究小论文：

课题：科赫雪花曲线的周长与面积。

提纲：①问题的提出：科赫雪花曲线周长与面积的探求，发现它周长趋于无穷大而面积为定值。

②问题的研究：寻求正三角形与圆的周长与面积关系的结论，将结论与（1）中结论比较，发现科赫雪花曲线与欧氏几何图形不同的性质。

③研究结论的应用：谈谈对用科赫雪花曲线作为海岸线模型的认识。

三、特征长度与分形的自相似性

自然界中的形状和人类考虑的图形，大致可分为两类：一类是具有**特征长度**的，另一类是无特征长度的。这里说的特征长度是没有严格定义的，它通常是针对具体的形体而言的，指形体的长度中的代表者：圆或球的特征长度是它的半

---

①等比数列求和公式 $S_n=\frac{a_1(1-q^n)}{1-q}$，当 n 为无穷大，$|q|<1$ 时，$S=\frac{a_1}{1-q}$。

径或直径；正方形或长方形是它的边长；人体的特征长度是人的身高、腿长或手长，……。有特征长度的形体，通常要用适当的长度单位去测量，用厘米去量万里长江，用公里去量乙肝病毒都不合适，前者太短而后者太长。"杀鸡用牛刀"是形容尺度用得不恰当的民间俗语，包涵着许多事物都有自己的**特征尺度**[②]的深刻寓意。这类有特征尺度的事物人们认为其根本的、共同的本质特征是：① 在测量它们时改变测量尺度的大小，在允许误差的范围内，测得的结果应该一致。比如一个1.6m高的人，无论用米或厘米为测量单位结果是一样的。②这类形体是光滑的或近似光滑的。比如地球，人们通常认为它近似为一个球体，尽管地表的山水树木使其凹凸不平，但与地球半径相比是可以忽略不计的。

分形却与这类有特征尺度的形体不同，以科赫曲线为例，当我们改变测量的长度单位时，所得结果也发生变化，它不具有上述特征①；其次科赫曲线在任何一处都是尖点，因为从理论上说，我们看到它上面的直线段上仍然包含了无数层次的生成元"＿∧＿"，因而它是不平滑的。所以分形属无特征长度的一类形体，它不能用传统几何尺度去度量，而只能用分数维数作为其量化指标。

无特征尺度的形体的重要性质是具有自相似性，即将它的一部分放大，其形状与全体（或大部分）相同。还以科赫曲线为例，只要把图14中部$[0, \frac{1}{3}]$放大3倍，结果和原来的曲线完全相同。

分形的这种局部与整体的自相似性，我们还可从康托尔三分集、谢尔宾斯基垫片、门杰海绵中获得明确的体会。必须注意的是，科赫曲线、康托尔集等由数学家们构造出来的**经典分形**，它们具有无限的层次，任何一层次放大适当的倍数都和整体完全相

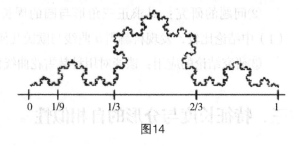

图14

同。经典分形的这种自相似性称为**严格自相似性**，具有严格自相似性的分形也称为**有规分形**。海岸线和噪音分布这类自然或社会分形的自相似性只在一定的范围（区域）内存在，超出这个范围（区域），自相似性不复存在，这种自相似性

[②]特征尺度包括特征长度、特征时间等，由于大多数分形对象都在形状上表现出分形性质，或者可用分形图形来作它的数学模型，所以在分形研究中涉及的特征尺度往往是指特征长度。

称为**统计自相似性**。或者说，在统计意义上，海岸线是自相似的。所谓统计意义，就是任意部分放大后与整体具有相同的统计分布规律，或者说得更直观些就是具有同等程度的不规则性、同等程度的复杂性。这类有统计自相似性的分形称为**无规分形**，随机科赫曲线等随机分形属于这个范畴。

应该明白，正因为分形无特征尺度，所以研究时就必须同时考虑从小到大许多尺度而成为各学科的难题，物理学中的相变（如液态变为气态）和湍流（如水流的涡旋以及引起夜空中星星调皮的眨眼睛的大气湍流）就是著名的例子。芒德勃罗发现的分形的自相似性，为解决这类难题提供了理论工具，同时也成为分形几何学的基本原理。应该说，我国生物学家张颖清创立的研究生物体部分与整体或部分与部分之间在生物学特性上全息相关规律及其应用的全息生物学和引起当今国际社会广泛关注的生物克隆技术，从某种意义上讲，也可在这一基本原理中寻求其理论依据。而数学中的随机抽样、管理科学中的"以点带面"、文学创作中的典型形象等，更可视为运用这一基本原理的极好例子。

习题三

1. 填空：

（1）图14中，把曲线在$[\frac{1}{3}, \frac{1}{2}]$的部分放大 _____ 倍就和原曲线完全相同；把曲线在$[0, \frac{1}{9}]$的部分放大 _____ 倍就和原曲线完全相同。

（2）谢尔宾斯基垫片具有 _____ 自相似性，而海岸线具有 _____ 自相似性。

（3）圆或球的特征长度分别是它的 _____ 或 _____ 。

2. 为什么不能用厘米去量万里长江，不能用公里去量乙肝病毒？

3. 有特征尺度的事物的两大特征是什么？

4. 体会"设身处地""见微知著""典型形象""以点带面""随机抽样""缩影""代表"等词所体现的相似性原理。

四、分数维及其计算

（一）分数维——维数观念的扩展

俄罗斯沙雷金（И.Ф.Шарыгин）新编《直观几何》中有一组概略图（图15）：

可见随着维数的增加，几何图形占据空间的规模也渐次增大，所以维数事实上是描述几何图形占据空间规模的一个指标。

考虑三个分形集：康托尔三分集F_1［图16（1）］、科赫曲线F_2［图16（2）］、门杰海绵F_3［图16（3）］，显见F1占据空间的规模比0维的点大而比1维的线小；F_2、F_3占据空间的规模也分别介于1维的线和2维的面，2维的面和3维的体之间。由于分形是现实生活的现象或事物的模型，所以仅用整数维来描述现实世界是不够的，因此芒德勃罗把德国数学家豪斯多夫提出的"分数维"概念用于分形的描述，并计算出F_1、F_2、F_3的维数分别是0.6309、1.2618、2.7268。

又观察图17，四种以单位长线段为初始元生成的分形，其维数依次为

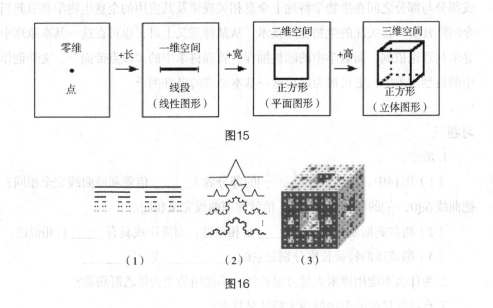

图15

图16

1.0226、1.0986、1.2618、1.6247，随着图形复杂程度的增大，其小数部分的值越来越大，看来分数维的小数部分表示了图形的复杂程度。

综上所述，**维数**是描述几何图形的复杂程度和占据空间规模的一个指标。

从整数维扩展到分数维经历了漫长的历史进程。二千多年前欧几里得《几何原本》等著作就含蓄地给出了维数的概念，后来把它定义为确定空间

图17

中一点所需要的最少的坐标个数。人们把这种**欧氏维数**称为**经验维数**。1890年皮亚诺曲线诞生后,经验维数在解释其维数时产生了矛盾,使人们重新开始从根本上考虑维数的定义,导致了**拓扑维**的引入,但它和经验维数一样只取整数。维数理论研究的重要进展是豪斯多夫1919年提出连续空间的概念,他认为空间维数不是跃变的,可以是整数,也可以是分数,为维数的非整数化提供了基础,致使芒德勃罗在对海岸线问题的研究中,成功地用**分数维**来刻画海岸线这种自然界中无特征长度的极不规则的几何对象,实现了维数从整数扩展到分数的伟大飞跃。

试一试:

在拓扑学中,图18中四条曲线的拓扑维数都是1,因为若把它们分别画在四条橡皮条上,通过拉伸或挤压,它们能互相重合。在分形几何学中,测得四条曲线的分数维分别是(A)1.25 (B)1.02(C)1.00 (D)1.45,试将四个维数的代码分别填入相应曲线下面的括号中。

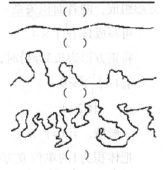

图18

想一想:

炎热的夏天,你在大树下乘凉时,会看到阳光下大树的阴影,它和我们前面接触过的哪一种分形相类似?你能估计出阴影作为一个平面图形的维数介于哪两个非负整数之间吗?大树本身作为一个空间图形又与哪一种分形相类似?它的维数又界于哪两个非负整数之间呢?

你能提出类似的问题吗?

(二)相似维数的计算

豪斯道夫维数的引入,给分形的描述找到一个恰当的特征量。它的基本思想是:测量几何对象时,要用与几何对象维数一致的测量单位,当测量单位的维数小于几何的维数时,结果为无穷大——这样的单位"太细";当测量单位的维数大于几何对象的维数时,结果为0——这样的单位"太粗",在这"太细"和"太粗"之间有一个临界值,这个临界值就是几何对象的**豪斯道夫维数**。不过在多数情况,很难从这个定义出发去求几何对象的维数,所以人们又定义了其他多种维数,其中最常见的又易于理解的是相似维数,它是依据几何对象的自相似性来定义的。

把一条单位直线段分成2等分，则原线段可视为由2段长为$\frac{1}{2}$的直线段组成的，两者长度关系：$1=\frac{1}{2}\times 2$。

可写成$1=(\frac{1}{2})^1\times 2$

将原直线段分成3等份，

有：$1=(\frac{1}{3})^1\times 3$

……（图19）

图19

一般地，有$1=r^1\times N$

把面积为1的单位正方形的边2等分，则原正方形可视为4个边长为$\frac{1}{2}$的小正方形组成，两者面积关系：$1=(\frac{1}{2}\times\frac{1}{2})\times 4$

可写成$1=(\frac{1}{2})^2\times 4$

将正方形边长3等份时，

有$1=(\frac{1}{3})^2\times 9$

……（图20）

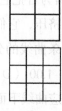

图20

一般地，有$1=r^2\times N$

把体积为1的单位立方体的棱长2等分，则原立方体可视为由棱长为$\frac{1}{2}$的8个小立方体组成，两者体积关系：

$1=(\frac{1}{2}\times\frac{1}{2}\times\frac{1}{2})\times 8$

可写成$1=(\frac{1}{2})^3\times 8$

把立方体棱长3等分，

有$1=(\frac{1}{2})^3\times 27$

……（图21）

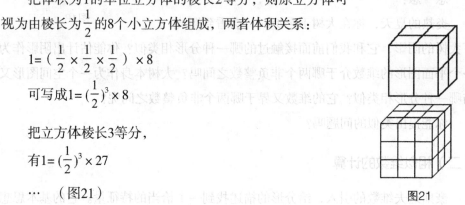

图21

一般地有$1=r^3\times N$

观察以上三个一般式知，r的指数分别是线段、正方形、立方体的维数。因此，如果某图形是由N个小图形组成的，每个小图形以相似比r与原图形相似，则下列关系式成立：

$N\cdot r^{Ds}=1$

两边取自然对数可得：$Ds=\dfrac{\ln N}{\ln\dfrac{1}{r}}$，则$Ds$为图形的**相似维数**。

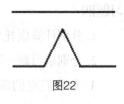

图22

由于科赫曲线和科赫雪花曲线等分形生成的每一步都按生成元所确定的相同规则，所以可以从分析生成元入手计算它们的分数维。科赫曲线的生成元是由4条以相似比 $\frac{1}{3}$ 与原线段相似的小线段组成（图22）的，故其相似维数 $Ds=\frac{\ln 4}{\ln 3}=1.2618$。

由此可知，科赫雪花曲线［图23（3）］的相似维数是1.2618。如图23（4），若向正三角形内作小正三角形，则所得图23（5）称为**反雪花曲线**。

想一想：反雪花曲线的相似维数是多少？

图24是几种海岸线模型曲线的生成元，旁边列出其相似维数的计算。

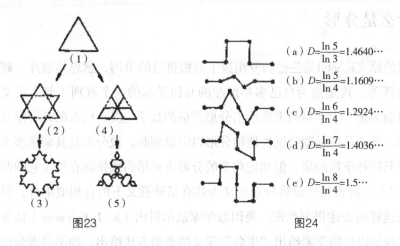

（1）

（2）　（4）

（3）　（5）

图23

（a）$D=\dfrac{\ln 5}{\ln 3}=1.4640\cdots$

（b）$D=\dfrac{\ln 5}{\ln 4}=1.1609\cdots$

（c）$D=\dfrac{\ln 6}{\ln 4}=1.2924\cdots$

（d）$D=\dfrac{\ln 7}{\ln 4}=1.4036\cdots$

（e）$D=\dfrac{\ln 8}{\ln 4}=1.5\cdots$

图24

例1　试计算谢尔宾斯基垫片和门杰海绵的相似维数。

解：由谢尔宾斯基垫片的初始元和生成元（图25），知其是由以相似比 $\frac{1}{2}$ 与原正三角形相似的3个小正三角形组成的，故 $r=\frac{1}{2}$，$N=3$，$Ds=\frac{\ln 3}{\ln 2}=1.5850$。

由门杰海绵的初始元和生成元（图26），知其是由以相似比 $\frac{1}{3}$ 与原立方体相似的20个小立方体构成的，故 $r=\frac{1}{3}$，$N=20$，$Ds=\frac{\ln 20}{\ln 3}=2.7268$。

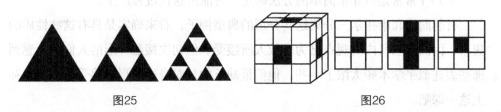

图25　　　　　　　　　　图26

习题四

1. 分别计算康托尔三分集和谢尔宾斯基地毯的相似维数。

2. 分别求习题一第3题中五种生成元各自的相似维数。

3. 在我们吃的蔬菜中有一种菜花，它的结构与按下面的构造方法形成的结构几乎完全一致：将一个正方形9等分，把中间的小正方形去掉后，添上向上凸起的5个小正方形（图27）。你能求出这种菜花的相似维数吗？

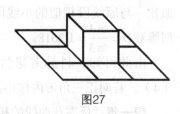

图27

五、什么是分形

分形的原文Fractal是芒德勃罗用拉丁词根拼造的单词，意思是细片、破碎、分数、分级等，这是他为自己多年酝酿的几何学起的一个有别于前人定义的名字。到目前为止，学术界尚未能给出分形严格的数学定义，已有的几种定义都是描述性的。最初芒德勃罗尝试性地给分形以定量刻画，说分形是其豪斯多夫维数严格大于其拓扑维数的集，但却把典型的分形皮亚诺曲线排除在外（它的两种维数值都是2）。接着又建议将分形定义为具有某种意义下的自相似集合，但也被人们发现这样的表述仍欠严密。英国数学家法尔科内（K. J. Falconer）认为，分形的定义应该以生物学家给出"生命"定义的类似方法给出，即不寻求分形确切简明的定义，而是寻求分形的特性，将分形看作具有如下性质的集合F：

（1）F具有精细的结构，即在任意小的尺度之下，它总有复杂的细节；

（2）F是不规则的，它的整体与局部都不能用传统的几何语言来描述；

（3）F通常具有某种自相似性，这种自相似可以是近似的或者统计意义下的；

（4）F的某种定义下的分形维数通常大于其拓扑维数；

（5）F常常是以非常简单的方法确定，可能由迭代过程产生。

科赫曲线和康托尔三分集这些分形的典型例子，看来确实是具有这些性质的集合，因而法尔科内的观点已为多数人所接受。但初次接触分形的人们，会感到那些表述似乎学术味太浓了一些，他们最缺乏的是对身边分形的感受，我们来补上这一课吧。

看一看

图28是一个有类似洋葱头结构的"大"字。在这里面,任何一个"大"字又由许多小一层次的"大"字所组成,而这种层次无限的多。

读一读

英国的托儿所里教的分形韵律诗:

一个歪斜的人,

走过歪斜的一英里,

歪歪斜斜地

捡到了一枚歪斜的六便士。

买了一只歪斜的猫,

抓到了一只歪斜的老鼠。

歪斜的人,

歪斜的猫,

歪斜的老鼠。

都挤在歪斜的小屋里。

做一做

取一张厚薄适中的长方形纸板(比如香烟包装壳),设其较长的一边为 a [图29(1)];将其对折,并沿折痕的中点剪开 [图29(2)];将剪开的半片(比如左半片)对折起;又沿新、老两条折痕的中点各剪开 [图29(3)],将剪开的靠左边两个半片对折起;又沿新老四条折痕的中点各剪开 [图29(4)],将剪开的靠左边四个半片对折起……。

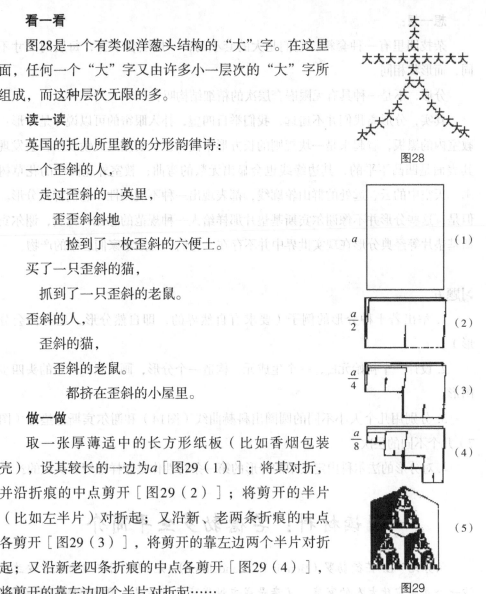

图28

图29

这样的过程应该一直可以进行下去,但事实上我们往往会因纸壳厚度的不断增加,剪开口会越来越困难,当这样的操作进行若干次时,打开折叠的部分,将其中一部分折痕拉出成直角,另一部分折痕推进也成直角,则可得如图29(5)的一个模型,这个模型是由若干个大小不同的看上去是长方体构成的一种分形结构。

想一想：

杂技团里有一种套箱，它们是大的套小的，一层层套下去，每层的尺寸不同，而形状相同。

分形，不是一种具有无限嵌套层次的精细结构吗？

其实，分形离我们并不遥远，我们举目四望，扑入眼帘的可以说尽是分形：教室内的黑板，看起来是一块规则的长方形平面，但只要用放大镜观察，会发现其表面是凹凸不平的，其边缘线也会显出无数的弯曲；教室外花圃中的花草树木、天空中的云、远处的群山轮廓线，都表现出一种不规则性，它们都是分形。但是，这些分形并不像谢尔宾斯基垫片那样给人一种规范的感觉。其实，谢尔宾斯基垫片等经典分形在现实世界中并不存在，它们只是数学家们思维的产物。

习题五

1. 举出若干种分形的例子（要求有自然界的，即自然分形，也有社会分形）。

2. 设计一个初始元E_0，一个生成元，构造一个分形，画出自E_0开始的头四步图形。

3. 分别用几个大小不同的圆圈出科赫曲线（图14）和谢尔宾斯基垫片（图7）几个不同的层次。

4. 对分形的法尔科内定义中的分形的第一条特性你是怎样理解和认识的？

阅读材料：芒德勃罗生平简介

伯努瓦·B.芒德勃罗（Benoit B. Mandelbrot）1924年12月20日出生于波兰华

沙一个立陶宛犹太人的家庭，父亲是成衣批发商，母亲是牙科医生。1936年全家迁到法国巴黎，20岁以前受的教育很不正规，时断时续。从21岁起才开始在法国和美国的三所著名大学受到良好的高等教育，获得工程硕士和数学科学博士学位，为他一生的学术研究奠定了坚实的基础。1958年到美国IBM公司工作期间，成功地应用自相似原理解决了困扰公司的工程师们多年的计算机通信线路中的噪

音问题，并在此基础上开始了对不规则形状与现象不懈的探索，悟出"世上万事万物的不规则性都以出人意料的规则方式反映出来"的真谛，这种规则方式就是"自相似性"。这是一个揭露大千世界奥秘的伟大发现。1967年，他对海岸线的本质做出的独特分析震惊了学术界，对这一问题的研究成为芒德勃罗思想的转折点，他认识到欧氏测度（长度、面积等）抓不住不规则形状的本质，而转向对尺度变换下的不变量——维数的研究，分形概念就从这里萌芽生长。1973年在法兰西学院讲学期间，第一次提出了分形几何学的思想，认为分形几何学可以处理自然界中那些极不规则的构型，它将成为研究许多物理现象的有力工具，但他一直还未曾找到这种不规则形体或现象的名字。1975年冬天的一个下午，他正在撰写他的第一部专著，儿子刚刚放学回家，当他随意翻阅儿子的拉丁文词典时，眼光停在了由动词frangere（破碎）变来的形容词fractus上，联想到英文中的同源词fracture（断裂）和fraction（分数），于是创造了fractal（分形）这个今天已为众多学术界人士所熟悉，并激发了他们巨大兴趣的具有双重意义的词汇。它既是名词，又是形容词，既是英文，又是法文，反映出他所创建的几何学描述的对象是粗糙不堪而非完美圆润的，是凹凸不平而非光滑平坦的，专门用来处理那些极不规则的构型。他在许多大学教过许多学科。在投身科学事业的40余年中，在数学、物理学、经济学、计算机等十来个学科与专业领域做出了贡献，成为美国科学院等四个权威科研机构的院士，获得了众多荣誉。特别要提到的是1985年获巴纳德奖，这种奖由美国科学院每5年颁发一次，专授于"使科学造福于人类取得新成就"的优秀人物，首先获此殊荣的是伟大的科学家爱因斯坦。

芒德勃罗经历了坎坷的科学研究道路，他获奖时已经60多岁了。他长期生活在"不时髦的数学角落里"，用一种非正统的方法探索一些"不受欢迎"的原理，经常受到一些正统数学家的指责，说他是勉为其难，一心想名垂青史，以致有时为发表文章不得不隐藏自己重要的思想。但他以坚韧的毅力和大无畏的科学探索精神，为历史上传统数学的反例摆正了位置，使它们成为分形几何中的主角，为创立分形几何学立下了不朽的功勋。

研究性课题：字符串替换算法作科赫雪花曲线

1202年，意大利数学家斐波那契提出了一个有名的"兔子增殖"问题：

"一对兔子在时刻0出生，一个月后这对兔子成熟了，成为成年兔，生了一对幼兔，两个月后，生的这对幼兔也成熟了，就与原来的成年兔又各生了一对幼兔，……，这样的增殖一直延续下去，问n个月以后有多少对兔子？"我们用b表示一对幼兔，用a表示一对成年兔，则"b→a"表示一对幼兔一个月后成为成年兔，"a→ab"表示一对成年兔生下了一对幼兔，使得一对成年

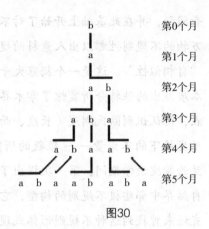

图30

兔变成了两对：一对成年兔和一对幼兔。以上增殖可用图30表示。将其写成：b→a→ab→aba→abaab→abaababa→…，这个例子说明了怎样从一个字符出发，依据两条规则"b→a"（字符b用字符a替换），"a→ab"（字符a用字符串ab替换），递归地产生新的字符串。我们将用这种"字符串替换算法"在计算机上来作科赫雪花曲线。

在Peano（皮亚诺）曲线的构作中，有如下记号：

a：沿逆时针方向旋转$\frac{\pi}{2}$；

b：沿顺时针方向旋转$\frac{\pi}{2}$；

c：从当前点沿当前方向画一线段；

产生新的字符串的规则是：在下一次迭代中c将被c\$所代替，其中：

c\$="cacbcbcbcacacacbc"。

若初始字符为E(0)\$="c"，则：E(1)\$="cacbcbcbcacacacbc"，

设初始方向为向右方向，画线长度为1cm，E(1)\$所生成的图形如图31。

科赫雪花曲线是在等边三角形的每边"——"上不断实施变换"_⋀_"生成的。因此，只要约定记号，把生成元的构造用字符串表示出来，并且反复迭代，就可以在计算机上作出它的图形。约定：

a：沿逆时针方向转一角度$\frac{\pi}{3}$。

b：沿顺时针方向转一角度$\frac{\pi}{3}$。

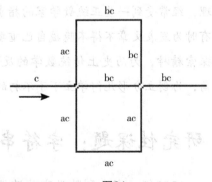

图31

c：从当前点开始沿当前方向画一长度为L的线段。

则初始元"——"可用字符表示为"c"；生成元"＿∧＿"可用字符串表示为"cacbbcac"。

由科赫曲线的作法知：首先，将初始元"c"用生成元c\$= "cacbbcac"代替；画线长度为$\frac{L}{3}$，其下一步是把"cacbbcac"中的c这一操作用复合操作c\$来代替，故知下一步的图形是c\$+ "a" +c\$+ "bb" +c\$+ "a" +c\$，即"cacbbcacacacbbcacbbcacbbcacacacbbcac"，但这次画线的长度是$\frac{L}{3^2}$。

综上所述，其图形的计算机生成可描述如下：

第0步图形为"c"，画线长度L(0)=L；第1步图形为"cacbbcac"，画线长度$L(1)=\frac{L}{3}$；若第k步图形为v(k)\$，画线长度为L(k)，则第k+1步的图形v(k+1)\$是将v(k)\$中的所有"c"用c\$= "cacbbcac"来代替，其他字符不变，而得到的新的字符串；画线长度：$L(k+1)=\frac{L(k)}{3}$。

附本示例的QBASIC程序如下：

```
REM koch雪花曲线（图32）
SCREEN 12
n = 5  '迭代次数为5
 l= 300  '画线初始长度
x0 = 150: y0 = 150  '画线起点
j0 = 3.14159 / 3
j = 0  '画线初始角度
c$ = "c"
FOR i = 1 TO n
 c$ =c$+ "a" +c$+ "bb" +c$+ "a" +c$
 l = l/3
NEXT i
le = LEN(c$)  '测字符串c$的长度
PSET (x0, y0)  '在(x0, y0)处画一点，即以后画线的起点
FOR k = 1 TO 3  '科赫雪花由三段科赫曲线组成
FOR i = 1 TO le
 x$ = MID$(c$, i, 1)  '从c$中依次取出字符
```

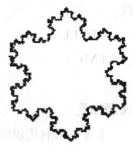

图32

```
SELECT CASE x$
    CASE "a"
        j = j + j0
    CASE "b"
        j = j − j0
    CASE "c"
        x = x0 + l * COS( j ) '确定画线终点横坐标
        y = y0 − l * SIN( j )
        LINE −(x, y) '画线至(x, y)
        x0 = x ：y0 = y
    END SELECT
NEXT I
j = j − 2*j0   '画线初始角度按顺时钟方向旋转2π/3，准备画下一段科赫曲
线
NEXT k
END
```

课题作业

1.根据教材提供的科赫曲线的QBASIC程序，上机作出其图形。

2. 在某种曲线的字符串构作过程中，初始字符E(0)\$= "d"，构成规则是在下一次迭代中字符"d"被d\$= "aecbdcdbcea"所替换，字符"e"被e\$= "bdcaeceacdb"所替换。

（1）试写出E(1)\$、E(2)\$；

（2）约定：

a：按逆时针方向旋转一角度 $\dfrac{\pi}{2}$

b：按顺时针方向旋转一角度 $\dfrac{\pi}{2}$

c：从当前点沿当前方向画一线段。

设定向右方向为初始方向，画线长度在1cm的条件下手工画出E(2)\$的图形，并在每条1cm长的线段旁标注所对应的字符串。

（3）你能计算出E(3)\$是由多少个字母构成的字符串吗？

六、分形几何学的意义和前景

分形几何学短短近30年发展历程中，因其思想的独特和新颖，表现出强大的生命力，其深刻的理论意义和巨大的实用价值日益凸现出来。

数学是模式的科学，现实世界绝大多数的形状和现象都是不规则的、随机的、复杂的，欧氏几何无法对它们做出客观的、准确的描述。在这样的背景下诞生的分形几何理论却能使人们以新的观念、新的手段来处理这些难题，有效地描述自然界和科学研究中遇到的各种各样的复杂形态，然后通过对这些复杂形态的研究，揭示隐藏在其后面的规律，揭示局部与整体之间的本质联系，因而在科学研究中具有深刻的理论意义。继相对论和量子力学问世以来，20世纪物理学的第三次革命——混沌论就是以分形几何理论为其主要的数学工具，由于分形几何的加盟，混沌在自然和社会科学各领域的研究成果令人目不暇接，揭开了物理学，数学乃至整个现代科学的新篇章。

分形几何极强的应用性，使其成为众多学科竞相引入的课题：它对物理学的湍流和相变两大难题有独到的见解；为化学家深化对高分子的认识提供了有力的工具；在地震预测研究的尝试中取得了重要的成果；使石油开采大幅度提高产量成为可能；对中医治病的原理做出了令人满意的解释；在模式识别、自然景象模拟、图像数据压缩、宇宙结构描述、市场价格变化、股市行情涨落、农业的增产、新材料制备等众多领域都取得令人瞩目的成功。从20世纪80年代后期以来呈几何级数增加的论文所涉及的领域看，其应用遍及哲学、数学、物理学、化学、天文学、地貌学、冶金学、材料科学、表面科学、计算机科学、生物学、医学、心理学、人口学、情报学、经贸、管理和商品学，甚至在电影、美术和书法艺术领域也得到应用。

由于应用学科和计算机制图的刺激与推动，分形几何理论本身也得以迅速发展。近年来，在维数的估计与算法，分形集的生成结构，分形的随机理论，动力系统的吸引子理论与分形的局部结构已获得较深入的结果，其势方兴未艾。尤其是相当于数学显微镜的小波变换的发展，使广泛存在的不能仅用一个分形维数描述的既复杂又不均匀的多重分形的研究，获得了一种重要的数学工具，前景喜人。而分形的刻画，维数的本质与封闭性等问题也引起了学术界足够的关注，这些方面研究的进展必将使分形几何理论日臻完善。

　　　"她出生时十分弱小，

　　　　　但每个时辰都在长大。

　　　　她在大地上蔓延，

　　　　　并震撼着周围的世界。"

　　　　　　　　——录自公元前9世纪《荷马史诗》

习题六

1.试述分形几何的理论价值。

2.试列举出分形几何应用的一些方面。

复习题

1.举出几种有规分形和几种无规分形的例子。

2.将一正方形E_0九等分，得9个小正方形，分别采用挖去靠每边中间1个的方法和保留靠每边中间1个的方法构作分形，试画出各自E_1、E_2的图形。

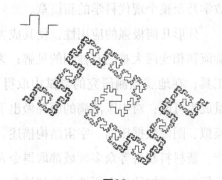

3.有一种叫闵可夫斯基（H. Minkowski）"香肠"的分形（如图33），其初始元以E_0为单位长线段，生成元见图33左上角，试画出各自E_1、E_2的图形。

图33

4.图34是一种分形树的形成过程，其新生的枝和原枝或树干均成120度角，每次长度减少一半，请将图34（4）、（5）补充完整，并填空：

　　（1）新树枝的条数是 _____ 。

　　（2）全部树枝的条数是 _____ 。

　　（3）新树枝的长度为 _____ 。

　　（4）你还能提出什么问题？

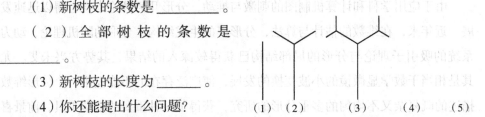

（1）　（2）　　（3）　　（4）　　（5）

5.图35是分形植物（羊齿草）的生

图34

成过程，其初始元是 _____ ，生成元是 _____ （填上图旁所标字母）。

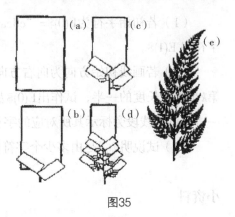

图35

6. 把科赫曲线的生成元在单位正方形四边上实施，突角向外，

（1）试作出其E_0、E_1、E_2三步图形。

（2）试猜想此过程不断继续下去生成的分形应局限于什么范围内？

（3）在你猜想的基础上判断生成的分形的面积应小于何值？

7. 中国汉字的发展经历了象形文字的阶段，从某种意义上说，一个汉字可视为一个图形。按维数是描述几何图形的复杂性和占领空间规模指标的定义，

（1）汉字的维数可以为零吗？

（2）在一般情况下是整数还是分数？

（3）对有简化字的汉字，繁体的维数大还是简化的维数大？

8. 在谢尔宾斯基垫片的生成过程中，每次挖去的都是中间的一个小正三角形的内部，但保留了它的边，所以反复挖下去的结果是"肉"（即内心部分）越来越少而边线的条数越来越多。

（1）设源正三角形为E_0，求构作进行到第6次时所增加的小正三角形边线的条数。

（2）求构作进行到第6次时，所有小正三角形边线长度之和。

（3）求构作进行了3次后所得图形E3的面积。

（4）你还能提出什么问题？

（5）将谢尔宾斯基垫片改为门杰海绵，编制一道习题。

9. 谢尔宾斯基垫片的构成

有如下记号：

a：沿逆时针方向转$\frac{\pi}{3}$；

b：沿顺时针方向转$\frac{\pi}{3}$；

c：从当前点沿当前方向画一线段；

c、d 这两个字符在下一次迭代中将分别被c\$、d\$所代替，其中：

c\$＝"cc"、d\$＝"aacdcbbcdcbbcdcaa"

（1）若初始字符为E(0)\$="cdcaaccaacc"，请按以上迭代规则写出第1步的字符串 E(1)\$。

（2）若画线初始方向为向右方向，初始长度为2cm，第$k+1$步的画线长度是第k步画线长度的一半，试作出E(0)\$及E(1)\$所表示的图形，并在每个图形每条同一方向画的线段旁标示其所对应的字符串。

（3）试说明E(2)是由多少个字符构成的字符串。

小资料

芒德勃罗（Mandelbrot）集

目前已成为分形、混沌的国际标志的芒德勃罗集（简称M集）是由一个主要的心形图与一系列圆盘芽苞突起连接在一起构成的，其每一个芽苞又被更小的芽苞所环绕，以至无穷（图36）。虽然其图案十分复杂而美丽，但它却由简单的复数二次多项式 $f(z)=z^2+c$ 迭代产生，并且计算程序也极为简单：

图36

（1）取0并自乘，再加上初始复数；

（2）取结果［即（1）中的初始复数］并自乘，再加上那个初始复数；

（3）取新结果并自乘，再加上初始复数；……所以M集充分体现了"简单性孕育着复杂性"这一哲理。

"分形几何初步" 实验教科书片段

一、分形欣赏—— 感受分形的美学魅力

　　电子计算机图形显示，推开了分形几何学的大门，当我们踏入这个崭新的几何世界时，扑面而来的分形图像琳琅满目，美不胜收，令人留连忘返。美，是分形给每一位观赏者的第一印象。

图像一　分形的标志—— 芒德勃罗集

　　芒德勃罗集（Mandelbrot集，简称M集，图1）是人类有史以来最奇异、最瑰丽的几何图形。它由一个主要的心形图与一系列大小不一的圆盘芽苞突起连在一起构成。你看，有的地方像日冕，有的地方像燃烧的火焰，那心形圆盘上饰以多姿多彩的荆棘，上面挂着鳞茎状下垂的微小颗粒，仿佛是葡萄藤上熟透的累累硕果。它的每一个细部都可以演绎出美丽的梦幻般仙境似的图案，因为只要把它的细部放大，展现在眼前的景象会更令人赏心悦目。而这种放大可以无限地进行下去，无论放大到哪一个层次，都会显示同样复杂的局部（图2），这些局部与整体

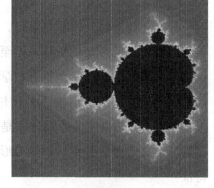

图1

图2

不完全相同，又有某种相似的地方，使你感到这座具有无穷层次结构的雄伟建筑的每一个角落都存在无限嵌套的迷宫和回廊，催生起你无穷的探究欲望。

图像二　聚焦M集的边界——走近朱利亚集

复杂而美丽的芒德勃罗集是在对简单的复二次多项式$f(z)=z^2+c$迭代生成。

聚焦其边界会看到无数的称为朱利亚集（julia集，简称J集）的精致图像。上述迭代过程不同的c值对应的J集形态各异，图3是其中的一种。它们弯曲缠绕的螺线和细丝，色彩斑驳，酷似海马长长的尾巴，呈螺旋形卷曲。作为构筑M集的精致材料，它们砌成的分形大厦金碧辉煌。

图3

图像三　解读分形—— 神奇的铜球串

分形几何作为一门新兴学科，在科学史上已走过了几十年的历程，但至今未有一个令人满意的定义。倒是有数学家建议用它的性质对它进行描述，这个主张得到人们的认同。图4神奇的铜球串是一种典型的分形，是否启迪你认识到分形的某些特征？

图4

当然，太少的图形或许会妨碍我们去归纳分形的性质，教师应当提供更多的分形艺术品，让我们在欣赏分形美的同时去寻求分形的特征。

图像四　构造分形——简单规则砌筑复杂的分形大厦

芒德勃罗集由简单复二次多项式生成的事实向人们昭示：错综复杂的分形都由简单的规则反复迭代生成。一种叫门杰（K. Menger）海绵的分形是一座宏伟的几何大厦，里面有无数的通道，链接着无数的房间，加上无数的门窗，人们称它"百孔千窗"，却是反复挖去—拨比一拨小的立方体所生成的（图5）。

或许，教师会让你欣赏更多生成分形的实例，美的享受令人如饮甘醇。

图像五 分形——描述客观世界的有力工具

分形是描述大自然和人类社会客观事物的一种新型几何语言，她弥补了欧氏几何的缺陷。图6这类用分形技术生成的图像，会让你更加领略到分形描述大千世界的威力——这些几何艺术品的效果几可乱真！

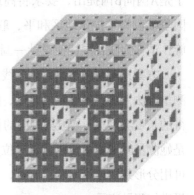

图5

圆与正方形等图形的美在欧几里得（Euclid）眼里是显然的，但芸芸众生中的一小部分精英能充分和持续地欣赏这种美却经过了艰苦和长期的训练，甚至可能是一种特殊的天赋。然而对分形的美，恐怕没有人能无动于衷。事实上，无论从美学还是科学的角度，许多人在第一次见到分形时都产生一种新的感受。当然，对其美学魅力的感受是清晰而强烈的，而对其在科学上的意义或许还朦胧的。

图6

习题

上网分形频道：http://www.fractal.com.cn（按分形入门、分形艺术、分形软件、分形学校、分形影院、分形探索、分形人物、分形展厅、分形论著、分形专题、分形实用、分形专家、分形机构、分形音乐、分形外论等十五个类别详细介绍了分形的知识），游览分形世界，感受分形。

二、英国的海岸线有多长

例 A、B两国有一段共同的陆地边界线，并向B国呈弧形弯曲（图7）。横跨边界线有一战略高地原属两国所共有。20世纪80年代，A国对边界重新进行测量，测得的边界长度比原记载长度大，按新测长度这块高地完全落在A国境内。

于是A国向B国提出，要求将高地全部归属A国，引起两国争端。为维护该地区和平，联合国派员往A、B两国斡旋，请你为联合国特使设计一调解方案。

方案：向两国指出，国境线是一种分形曲线，用传统测量方法无法得到确定的长度，随着测量单位的减小，测得的长度会增大。A国新测得的长度比原记载长度大，正是她测量时采用了较原测量单位更小的码尺。所以一方面可用分形几何理论向两国解释，另一方面还可同两国到边界进行测量演示。

图7

三、特征长度与分形的自相似性

例1 有规分形和无规分形的自相似性各存在什么范围？云层边界投影是一种分形，经研究发现其无标度域在1km～1000km之间，你对这个研究结论是怎样理解的？为什么会有这样的结论？

答：有规分形在任何一个层次上都存在自相似性，它的自相似性不受范围的限制，所以称有规分形具有无标度性。无规分形只在一定的范围内存在自相似性，这个范围即它的无标度域，超出无标度域自相似性便不复存在。云层边界投影的无标度域在1km～1000km之间，说明当标度小于1km和大于1000km时，其边界投影就没有自相似性。因为云层投影是落在地球上，当标度小于1km时，投影受到凹凸不平的地形影响，形状的自相似性被破坏；当标度大于1000km时，投影又受到地球曲率的影响，形状的自相似性也被破坏。

例2 康托尔集在生成中，若将它三等分去掉中间一段，生成的是传统康托尔集，若生成中分成三份各不相等，称为不等比康托尔集。图8的不等比康托尔集保留的两种标度$r_1=0.25$ $r_2=0.4$，试写出其具有自相似性的至少两个层次不同的小于整体的区间，并在图8的初始元上标示出这两个层次有关点的坐标。你写出的区间上图形各应放大几倍才与整体完全相同？

解：$[0, \frac{1}{4}]$, $[0, \frac{1}{16}]$ (或$[0, \frac{1}{4}]$, $[\frac{3}{5}, \frac{1}{4}]$或$[\frac{3}{5}, 1]$ $[\frac{3}{5}, \frac{7}{10}]$或$[\frac{3}{5}, 1]$, $[\frac{21}{25}, 1]$)

在整体区间[0，1]上这两层次有关点的坐标依次为$\frac{1}{16}$，$\frac{3}{20}$，$\frac{1}{4}$，$\frac{3}{5}$，$\frac{7}{10}$，$\frac{21}{25}$。

要将写出的区间上的图形放大到与整体相同，只须将区间长度放大为1（整体区间长）。

[0，$\frac{1}{4}$]放大的倍数为1÷$\frac{1}{4}$=4倍

[0，$\frac{1}{16}$]放大的倍数为1÷$\frac{1}{16}$=16倍

[$\frac{3}{20}$，$\frac{1}{4}$]放大的倍数为1÷（$\frac{1}{4}$−$\frac{3}{20}$）=10倍

图8

[$\frac{3}{5}$，1]放大的倍数为1÷（1−$\frac{3}{5}$）=$\frac{5}{2}$倍

[$\frac{3}{5}$，$\frac{7}{10}$]放大的倍数为1÷（$\frac{7}{10}$−$\frac{3}{5}$）=10倍

[$\frac{21}{25}$，1]放大的倍数为1÷（1−$\frac{21}{25}$）=$\frac{25}{4}$倍

四、分数维及其计算

（三）豪斯多夫维数

从整数维扩展到分数维经历了漫长的历史进程。二千多年前欧几里得《几何原本》等著作就含蓄地给出了维数的概念，后来把它定义为确定空间中一点所需要的最少的坐标个数。人们把这种欧氏维数称为经验维数。1890年皮亚诺曲线诞生后，按经验维数的概念在确定其维数时产生了矛盾，使人们重新开始从根本上考虑维数的定义，导致了拓扑维的引入，但它和经验维一样只取整数。维数理论研究的重要进展是豪斯多夫1919年提出连续空间的概念，他认为空间维数不是跃变的，可以是整数，也可以是分数，为维数的非整数化提供了基础，致使芒德勃罗在对海岸线问题的研究中，成功地用分数维来刻画海岸线这种自然界中无特征长度的极不规则的几何对象，实现了维数从整数扩展到分数的伟大飞跃。

豪斯多夫维数严格的数学定义建立在豪斯多夫测度的基础上，涉及抽象的测度理论，但其基本思想却不难理解：测量几何对象时，要用与几何对象维数一致的测量单位，当测量单位的维数小于几何对象的维数时，结果为无穷大——这样的单位"太细"；当测量单位的维数大于几何对象的维数时，结果为0——这样的单位"太粗"，在这"太细"和"太粗"之间有一个临界值，这个临界值就是几何对象的豪斯多夫维数。这里我们从另一途径来给出它的定义。

按通常的概念，我们所处的现实立体空间与三维欧氏空间是一致的，相应地，平面为二维欧氏空间，直线为一维欧氏空间，为方便起见，不妨把自然界和社会系统客观存在的物体、现象以及几何图形统称为客体，于是可认为在我们的周围存在着三维（立体）、二维（平面）、一维（直线）、零维（点）客体，现在对客体的维数进行拓广。

设想有三个客体：长度为L的一维线段，面积为S的二维的圆，体积为V的三维的球，分别用长度为$2r$的线段，我们说成"用半径为r的线段；半径为r的小圆；半径为r的小球"为单位去测量它们，测得的"容量"（个数）显然与r的大小有关，用$N(r)$表示，则对三个客体分别有：

$$N(r)=\frac{L}{2r} \qquad N(r)=\frac{S}{\pi r^2} \qquad N(r)=\frac{V}{\frac{4}{3}\pi r^3}$$

写成：$N(r)=(\frac{L}{2})r{-}1 \qquad N(r)=(\frac{S}{\pi})r{-}2 \qquad N(r)=(\frac{3V}{4\pi})r{-}3$

注意到式中r指数中的1，2，3正是该客体的维数。

归纳以上一、二、三维数的情况可知：对一个客体，若度量其"容积"的单位半径为r，度量结果满足$N(r)=cr^{-D_H}$。其中c为常数，是客体的结构因子（即上面三式中的$\frac{L}{2}$，$\frac{S}{\pi}$，$\frac{3V}{4\pi}$），则DH为该客体的豪斯多夫维数。

议一议：用豪斯多夫维数的基本思想解释为什么海岸线的长度为无穷大？

（四）容量维数

相似维数既重要又简单，但适用范围很有限，只有对严格自相似分形集才有意义。豪斯多夫维数有严格的数学意义，适用范围很广，不仅对分形集有意义，而且对非分形集也有意义。但除个别集合外，其严格计算一般是很困难的。为了计算上的方便，人们定义了多种其他的维数，其中容量维数是最常用的一种，它能通过实验近似地计算。做法是：如果一个分形是平面上的点集F，并且能用一个矩形将它覆盖住，则将矩形划分为边长为ε的小方格（调整矩形的长和宽总是能办到的，图9），这样集F的点必然落在这些小方格内，数出含有集F的点的小方格数$N(\varepsilon)$，则$\frac{\text{h }N(\varepsilon)}{\ln(\frac{1}{\varepsilon})}$在$\varepsilon$取得充分小时的值就称为分形集$F$的容量维数。

如果分形集F是一条直线或曲线上的一个点集，则小方格就是长度为ε的小区间；如果是立体空间的一个点集，则小方格就是棱长为ε的立方体。

容量维数的定义使我们能在计算机上近似计算一个分形集的容量维数。设给定分形是平面点集F，选定一个矩形将它覆盖，以任意给定的小正数ε为边长将矩形分割成若干个小方格，通过对矩形内所有象素的扫描，记录含有F中的点的小方格数，记为$N(\varepsilon)$，则比值$\dfrac{\text{h}\, N(\varepsilon)}{\ln(\dfrac{1}{\varepsilon})}$可以看成F的容量维数的近似值。把$\varepsilon$取得更小，比如$\dfrac{\varepsilon}{2}$，$\dfrac{\varepsilon}{4}$，小方格也变得更小。重复以上的做法，算出新的比值，等得出的两次比值比较接近，则认为得到了分形集较准确的容量维数值。

例 求谢尔宾斯基垫片的容量维数。

解：如图10，谢尔宾斯基垫片是从一个腰长为1的等腰直角三角形开始，第一次把它分成四个相等的等腰直角三角形，去掉中心的一个，再在剩下的三个三角形中重复同样的做法而得。

取$\varepsilon_1=\dfrac{1}{2}$，则$\varepsilon_n=(\dfrac{1}{2})^n$，

此时$N(\varepsilon_1)=3$，$N(\varepsilon_2)=9$，$N(\varepsilon_3)=27$，……，$N(\varepsilon_n)=3^n$

其容量维数$DC=\dfrac{\ln N(\varepsilon_n)}{\ln(\dfrac{1}{\varepsilon_n})}=\dfrac{\ln 3^n}{-\ln(\dfrac{1}{2})^n}=\dfrac{n\ln 3}{n\ln 2}=\dfrac{\ln 3}{\ln 2}=1.5850$

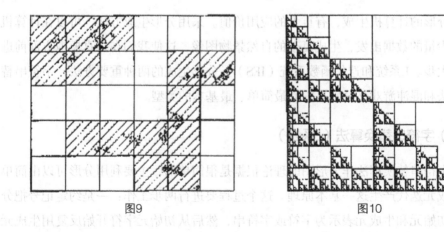
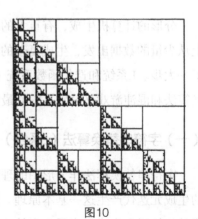

图9　　　　　　　　　　　　　　　　图10

五、什么是分形

例 以科赫曲线为例，谈谈你是怎样理解分形的性质的。

答：（1）不管取多么小的角度，60° 的尖角和角的两边仍然出现，只是边长相应减小了，即它的复杂性不随尺度减小而消失，所以具有精细结构。

（2）从整体上说，它不是满足某些条件的点的轨迹，又不是任何数学方程的解。从局部上说，它不能通过切线来描述，因为它的每一点都是尖点，其切线不存在。

（3）具有严格的自相似性，在图22中，把$[0, \frac{1}{3}]$，$[\frac{1}{3}, \frac{1}{2}]$，$[\frac{1}{2}, \frac{2}{3}]$，$[\frac{2}{3}, 1]$ 中任一个区间上的图形放大3倍，或把$[0, \frac{1}{9}]$上的图形放大9倍，结果都和原来的曲线完全相同。而海岸线等随机分形却只有统计自相似性，这种自相似性只存在于它的无标度域内。

（4）作为一种规则分形，其相似维数1.2618大于它的拓扑维数1。

（5）复杂的科赫曲线定义简单明了，是由单位直线段按简单规则"＿∧＿"迭代产生的。

六、分形的计算机生成

分形的计算机生成，有重大的应用价值。采用分形生成方法，可以在计算机上从少量的数据出发，生成复杂的自然景物图像，这使我们在仿真模拟方面前进了一大步。L系统和迭代函数系统（IFS）是分形生成的两种重要方法，字符串替换算法和混沌游戏又分别是它们最简单、最基本的类型。

（一）字符串替换算法（L系统）

字符串替换算法作分形图的理论根据是很简单的，主要利用分形可以由简单的生成元迭代产生这一基本原理。这个过程要进行两步工作：一是约定记号把分形的初始元和生成元表示为字符或字符串，然后从初始元字符开始反复用生成元字符串进行替换，得出后继字符串；二是对最终所得的后继字符串按原约定给予图形解释，即把字符串又转化为图形，这就得出要作的分形图像。

（二）迭代函数系统（IFS）

L系统用于制作分形图，最成功的应用是模拟植物的图像。绘制分形的另一种重要方法是迭代函数系统，简记为IFS。它的基本思想是几何图形的全貌与局部，在仿射变换下，具有自相似结构。图11中，较小的三角形

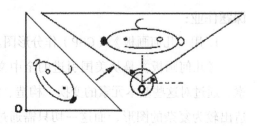

图11

S变为较大的三角形T（这个过程称为映射）发生了三种变化：1）位置改变（平移）；2）大小改变（缩放）；3）方向改变（旋转）。这样的映射数学上称为仿射变换，它可以用一组函数来表示。迭代函数系统就是把若干个仿射变换组成的函数系统反复迭代，生成需要的复杂图形。

产生迭代函数系统的方法有两种，其中一种是很便于理解的随机的方法，人们称为混沌游戏，它的操作很简单，举例来说，在纸上任取不共线的三点A、B、C，再任取第四点Z_1，取来一枚硬币投掷，当它落下呈正面时，则描出Z_1与A的中点；若呈反面，则描出Z_1与B的中点；若它侧立（尽管这种可能性极小，但不能排除），则描出Z_1与C的中点。无论哪种情况描出的中点都记为Z_2，然后按同样规则大量重复操作，描出中点Z_3、Z_4……

显然，这个游戏可以一直进行下去，其实质就是一个迭代过程，只是用削尖的铅笔在纸上手工描出几百个点，难以做得比较精确，从而较难得到一个准确的图形。但编好程序在计算机上操作却很方便，计算机屏幕上打出这些点的速度是很快的，就像在下着一阵微型电子雨，这些雨点会是一个什么形状呢？会杂乱无章吗？不！你会惊奇地发现，屏幕上渐渐清晰起来的竟是我们曾经介绍过的"病态"几何图形——谢尔宾斯基垫片（图12）！这种混沌游戏的方法在植物模拟方

图12

面也被广泛地被应用。

课题作业:

1. 用《几何画板》（GSP）作分形图。

《几何画板》是从美国引进的全中文数学软件。它以点、线、圆为基本元素，通过对这些基本元素的变换、构造、测算、动画、跟踪轨迹等，能显示或构造出较为复杂的图形，而这一切只需通过鼠标点击菜单或按快捷键就可完成。目前教育界主要将它用作平面几何、解析几何、射影几何、初等代数等教学的软件平台，其实，在分形图的绘制上它同样具有较强的功能。

案例:《几何画板》生成分形树的制作方法

（1）打开一个新的绘图窗口，再打开一个记录窗口，并将记录窗口和绘图窗口并排放置，在记录窗口中按录制按钮进行记录。

（2）用线段工具作一条铅直线段AB（标注字母是为了行文方便，实际制作中可不必标注，下同），用选择工具选择点B，双击，记为旋转中心；用选择工具选中点A，从变换菜单中选择旋转命令，在弹出的对话框中输入"120"，按下确定，得点C［如图13（1）］；再从变换菜单中选择缩放命令，在弹出的对话框中"[新]"输入"1"，"[旧]"输入"2"，按下确定，得点D；选择点C，在显示菜单中选择"隐藏"命令，隐去点C，用线段工具连B、D［如图13（2）］。

（3）用选择工具选中点D，从变换菜单中选择旋转命令，在弹出的对话框中输入"120"按下确定，得点E，用线段工具连B、E［如图13（3）］。

（4）按下Shift键，依次选择点B、D，按下记录中的"循环"按钮；在空白

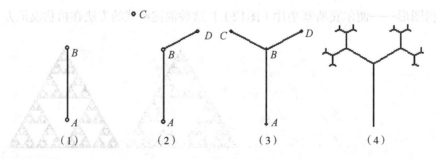

（1）　　　（2）　　　（3）　　　（4）

图13

处单击左键，取消原选定；再按下Shift键，依次选择点B、E，按下记录中的"循环"按钮，按下"停止"按钮。按下Shift键，选中A、B、D、E，在显示菜单中按下"隐藏点"，隐去点A、B、D、E，再单击记录窗口中的"文件"菜单下的"保存"命令，将记录保存为"分形树"。

（5）打开一个新绘图板，按下Shift键，用线段工具作一铅垂线段；用选择工具从下往上依次选定线段两端点，按下记录对话框中"快进"键，在弹出的对话框中，"深度"选择"3"，按下确定，得图13（4）的四级分形树，保存为"分形树"。

注：为了使学生看到生成过程，只要在步骤（5）中按下Shift键，同时选择所作两点，按下记录对话框中的"播放"键，弹出对话框，按下确定，便可以看到动态的生成过程。生成过程中，若觉得生成速度偏慢，可选择"快进"键，便立即得到整个分形树。

请仿照上面的案例用《几何画板》绘制一个分形图（科赫曲线、谢尔宾斯基垫片或地毯），并记录作图方法。

七、分形几何学的意义和前景

例1 用分形理论模拟自然景物。

形态复杂的自然景物无法用直线、圆、正方形等规则图形模拟，却能用分形很好地拟合，因为许多自然景物的形体结构大体上就是分形。比如云层的边缘、树枝的分岔等都有分形的特征，只要从中提取生成这种分形结构的少量数据信

湖光山色
（非扫描输入　郑文庭　1996年）

L系统生成的花枝
（王方石　1993年）

图14

息，就可设计适当的程序在计算机上绘制它的图像。近年来这一领域获得了丰富的研究成果，被广泛应用于电影与绘画艺术（制作壮观的电影场景，模拟名画），产生了巨大的经济效益。图14是在计算机上模拟的作品，效果是如此逼真！

例2 分形原理在农作物选种中的应用。

研究表明，同一多细胞生物体内，尽管不同部位的细胞具有相同的基因，但基因的活性有差别。当选取具有高活性基因的细胞群或组织（种子、芽和外植体等）去繁殖后代时，与其他部位相比，其发育和活化程度都处于优势，能产生优良的遗传效果。这种生物在遗传性状方面的分形性对于农作物的定域选种有重要的指导意义。例如玉米结籽区在植株的中下部，根据分形原理，选取玉米穗轴中下部的籽粒作种子，比其他部位的产量高，据张颖清实验的结果，可增产35.74%。

议一议：高粱选种应取果穗哪一部位的籽粒？水稻呢？为什么？

例3 分形几何丰富了人们对局部与整体关系的认识，为研究复杂事物提供了新的方法。

长为4m，宽为3m的长方形面积$S=4m \times 3m=12m^2$，这道简单的算式包含了深刻的内涵，它表明：人们在计算长方形面积时，是先将长方形分解成若干个相等部分（这里是将长、宽各四、三等分得12个面积为$1m^2$的小正方形（图15）后，再将这些部分求和。这里包含的哲学观是整体等于部分之和。在此基础上产生的方法论是，研究复杂事物时，把复杂事物先分解成简单事物，然后把简单事物的

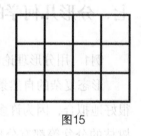

图15

研究结果组合起来，去理解复杂事物的本质。例如，为了研究物质的各种运动规律，人们把物质分解为分子、原子、原子核和电子，将原子核又分解成质子和中子，通过对这些分解部分的研究，获得对物质整体规律的认识。这是简化事物的还原论方法。

17世纪上半叶，意大利物理学家伽俐略（G. Galileo）提出一个悖论：正整数集合S_1的元素与正整数平方集合S_2的元素一样多，图示如下：

S_1: 1, 2, 3, ……, n, ……

↕ ↕ ↕ ↕

S_2: 12, 22, 32, ……, n^2, ……

这个悖论使人们发现，以前对整体等于部分之和，整体大于部分的认识是有条件的，并不普遍有效，从而并不完整。

分形几何的创立，对部分与整体关系提出了新的认识。它认为部分能以和整体相似的方式存在于整体之中，与传统关系观认为部分以自身等同（把整体分解成若干相同部分，各部分之间相等同）的方式存在于整体之中不同，并且在部分向整体的转化上，是用迭代的方法［对初始元"——"不断实施几何变换"⎺∧⎽"（部分）生成科赫曲线（整体）］，不同于传统关系观的叠加的方法（部分相加得整体）。这就大大丰富了人们对部分与整体之间辩证关系的认识，是人类认识史上一大进步。更有意义的是，认识上的这一进步，启发人们在研究复杂事物的空间结构时，创造了一种简化事物的新方法——迭代法。它从复杂事物（其几何形态表现为复杂图形）中提取少量的数据信息，建立数学模型，然后通过计算机进行简单的重复操作（迭代过程），再现复杂图形。这样就可以通过研究简单的数学模型及其迭代过程，达到研究复杂事物（图形）的目的。

"分形几何初步"教学设计

一、分形——"病态"的"数学怪物"

（一）教学目标

（1）理解几种经典分形及其构作方法，能分步作出它们起始几步的图形。

（2）理解初始元、生成元的意义，能从分形构作过程中分辨出它们，能按给出的初始元和生成元作出分形的头几步图形。

（3）知道随机分形的意义，能作出随机科赫曲线的图形。

（4）在分形的生成过程中体会迭代的思想方法。

（5）培养学生对分形几何学的新奇感和兴趣。

（6）通过对分形的构作过程的探究，培养学生的探索精神和提出问题的能力。

（7）在构作分形的实践中，加强学生主体意识。

（二）教学重点

（1）康托尔三分集、科赫曲线、谢尔宾斯基垫片、门杰海绵的理解和构作。

（2）初始元和生成元的意义、分辨，用初始元和生成元构作分形。

（三）教学难点

从分形的构作过程图中分辨出初始元和生成元。

（四）教学过程

（1）指导学生阅读封二的开篇语，对分形几何学作简单介绍。

（2）以几个实例引起学生对学习分形几何学的重视：

①中国进入WTO，中国传统医学将以更大的步伐走向世界。然而中医诊病，针灸与按摩治疗的原理是什么？传统科学一直未能给出令人满意的回答，分形理论却给出使人折服的答案。

②地震给人类带来巨大的灾难，地震预报是重大的学术课题。分形几何的自相似原理和分数维思想为地震预报开辟了一条崭新的思路。

③分形的自相似原理在农业选种方面的应用。

④创立的历史尚不到三十年的分形几何在各学科领域得到广泛应用，许多高校已将之列为研究生的必修课、本科生的选修课。

（3）经典分形的构造

①教师在黑板上画出一单位长线段E_0和一边长为1的等边三角形E_0，讲述康托尔三分集和谢尔宾斯基垫片的构作方法，学生依教师所讲方法分别作出它们的E_1、E_2、E_3，两名学生板演。

②教师小结后提出问题：康托尔三分集和谢宾尔斯基垫片构作过程一直进行下去，请想象其最终的图形状态及其长度或面积值。

③继续提出问题：康托尔三分集和谢尔宾斯基垫片的构造过程是采用了一种"挖"的方法，如果用"补"的方法又会构造出什么图形？教师讲述科赫曲线的作法，仍让一学生板演，其余学生自己作图。

④教师小结后指出科赫曲线的初始元和生成元，并在黑板上将科赫曲线初始元改为边长为单位长线段的等边三角形，并对之施以生成元"‾‾/\‾‾"的变换，作出E_0、E_1、E_2，指出变换进行无穷多次所得图形为科赫雪花曲线，它是分形几何学的一个最具代表性的图形，它处处连续，但处处无切线。

学生自行阅读谢尔宾斯基地毯内容。

⑤讲述例1。随堂练习：习题一 1、2。

⑥教师指出：上面三种分形的构作中的初始元有1维的直线段和2维的三角形平面区域，我们还可向3维立方体推广。结合图形讲述门杰海绵的构作，在黑板上画出E_0、E_1两步图形，启发学生结合教材上图9想象门杰海绵的"有皮没有

肉"的形象，并让学生考虑是否发现了其中的某些规律。

⑦指导学生阅读例2。

（4）随机分形的概念与构造

指导学生阅读随机分形的内容，指出经典分形只不过是一种几何抽象得出的图形，自然界大量存在的分形都是随机分形。随机康托尔集、随机科赫曲线、布朗粒子运动的轨迹都是现实世界某些现象或形状（如噪声分布、海岸线）最贴切的模型。

（5）小结

①分形是对一初始的简单图形反复实施一种简单的几何变换（迭代过程）生成的。迭代是一种重要的数学方法，在分形理论中有重大作用。经典分形在构作中与数列关系密切，正是迭代在其中作用的结果。

②经典分形只是一种几何抽象。正像自然界找不到数学上说的直线和圆周一样，自然界也没有这种经典分形。我们之所以研究它们，是因为加上随机因素，就能使它们成为现实世界的形状与现象的恰当的数学模型。

（6）课外作业：习题一 3、4、5。

二、英国的海岸线有多长

研究性课题：科赫雪花曲线的周长与面积

（一）教学目标

（1）对海岸线长度不确定有初步的理解。

（2）通过计算，发现科赫雪花曲线周长无穷大而面积为定值的事实。

（3）对用科赫雪花曲线作为海岸线模型的合理性有初步的认识。

（4）培养学生发现和研究问题的能力。

（5）懂得研究论文的结构，培养论文写作的初步能力。

（6）培养学生的探索精神。

（7）体会有限与无限的辩证关系，发展辩证思维。

（二）教学重点

理解海岸线和科赫雪花曲线的长度为无穷大，面积却为确定的值。

（三）教学难点

对海岸线和科赫雪花曲线长度为无穷大的原因——维数为大于1的分数的认识。

（四）教学过程

（1）提出曲线长度问题，考虑：①怎样测量？②能得出一个确定值吗？

（2）在黑板上画一条如图1（有条件可以用投影仪）的曲线，要包含有大大小小多种层次的弯曲，说明测量曲线长度的一般方法是折线逼近法，将圆规张开成10cm、5cm、1cm等，以曲线的一端点

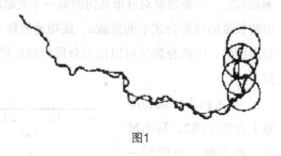

图1

为圆心，分别以张开长度为半径画弧交曲线于一点，又以这一点为下次画弧的圆心，……，不断操作下去，在曲线上得一系列交点，从端点开始顺次连接这些交点得一折线，当圆规张开的长度越来越小时，折线长度越来越接近曲线的长度。

（3）启发学生提出在这里发现的问题：圆规张开的长度从理论上说可以无限止地减小（尽管实际操作很困难），而且所得折线的长度会越来越精确地接近曲线的实际长度，可是也意味着从理论上说，曲线的长度会渐渐地变为无穷大，这是怎么一回事呢？

（4）20世纪60年代，分形几何的创立者美籍法国数学家芒德勃罗在研究海岸线的长度时采用了类似的方法，当然，测量单位是大得多了，结果也产生类似情形：随测量单位的减小而长度逐渐增大，因为海岸线由大大小小的海湾和海岬组成，以km为单位时，一些小于1km的海湾和海岬会被忽略而不能计入在内，设测得长度为L_1；以m为单位时，刚才忽略的海湾和海岬有许多能计入在内了，但小于1m的那些海湾与海岬又被忽略，显然此时测得的长度$L_2 > L_1$；以dm为单位

时，测得的长度$L_3 > L_2 > L_1$，……，从理论上说，测量单位可以变得无穷小，因而所测得的长度L无穷大。这就是说，海岸线的长度是不确定的！因而1967年，芒德勃罗在美国的《科学》杂志上发表了震惊学术界的著名论文《英国的海岸线有多长》，文中不仅指出海岸线长度的不确定性，并指出产生这种情况的原因在于海岸线是不同于光滑曲线（圆、三角形等）的复杂图形，它的维数是大于1的分数，而测量它的长度采用的单位直线段是1维的，用维数低的单位测量维数高的曲线，所得的结果就会无穷大。

（5）对于所有的海岸线，由于用长度单位去测量其他长度都为无穷大，因而不能得到确定的值。所以对于不同的海岸线，无法以各自的长度来区分它们，即长度已不是它的特征量，因此对海岸线作为一种几何形状，必须以另外的量来刻画它。芒德勃罗对分形几何的第一个贡献就是他将英国科学家理查逊关于海岸线长度的经验公式中的指数a，成功地解释为描述海岸线复杂、不规则程度的分形维数，因此分数维可以作为分形的特征量，因为不同的海岸线具有不同的a值。

（6）画出（或在屏幕上投影）图2，写出尺度、线段数、长度的一系列数据，引导学生观察，提出问题：科赫曲线的长度最后的发展趋势如何？

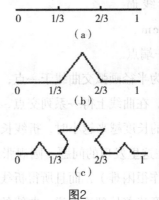

尺度	段数	长度
1/3	4	4/3
1/9	4^2	$(4/3)^2$
…	…	…
$1/3^n$	4^n	$(4/3)^n$
…	…	…

图2

（7）在上述研究的基础上启发学生初步理解用科赫雪花曲线作海岸线模型的合理性。

（8）引导学生探索科赫雪花曲线的周长与面积：

①给出台湾省1995年联考题，增加求面积的问题。

②设T_1周长为L，面积为S，写出周长和面积序列。

③取$L=3\text{cm}$，计算$n=5$、9、17时L_n、S_n的值，且观察这些数值，启发学生直观地得出结论：雪花曲线与海岸线有相同的性质——周长无穷大而面积为定值，初步理解雪花曲线用作海岸线模型的合理性。接着通过周长序列变化趋势的观察

“分形几何初步”教学设计

分析和对面积S_n在n趋向于无穷大时的值的计算，将理解加以深化。

（9）取正三角形、圆的周长分别为L、C，写出它们的面积与周长的关系式，启发学生得出它们的面积与周长成正比例关系的结论，并与雪花曲线有关结论相比较。

（10）结合上面的研究结果，给出撰写研究小论文的一般程序：①提出问题（科赫雪花曲线周长无穷大而面积为定值结论的发现）→②进行研究→③得出结论（正方形和圆等欧氏几何图形周长与面积的关系的寻求并与雪花曲线有关结论的比较；发现两种结论不同）→④研究结论的应用（阐述雪花曲线用作海岸线模型的合理性）。

（11）课题作业：撰写研究小论文，题目：科赫雪花曲线的周长与面积。

三、特征长度与分形的自相似性

（一）教学目标

（1）了解特征长度的意义，知道分形没有特征长度。

（2）理解自相似性的意义，知道它是处理分形问题的基本原理，知道严格自相似和统计自相似是它的两种类型，两种类型分别对应有规分形和无规分形的概念。

（二）教学重点

自相似性的概念及其类型。

（三）教学难点

（1）对特征尺度意义的理解。

（2）对统计自相似性的认识。

（四）教学过程

（1）用“杀鸡用牛刀”“公里量乙肝病毒”等实际例子引导学生理解特征尺度的意义。指出有特征尺度的事物的两大特性：①改变测度单位测量结果不变；②形体是光滑或近似光滑的。

-63-

（2）以科赫曲线为例说明分形无以上两大特性从而是无特征长度的一类形体，并结合它的图形说明无特征尺度的图形的自相似性，指出自相似性是分形的重要原理，它是处理分形问题的基础。

（3）随堂练习：用圆规画出教材P3谢尔宾斯基垫片和地毯的三个层次，说明各个层次放大几倍和原图形完全相同。

（4）要注意的是，科赫曲线、谢尔宾斯基垫片等经典分形，是经过几何抽象得出的几何对象，是数学家们思维的产物，它们具有的这种自相似性在任何层次上都一样，这种自相似性称为严格自相似性，具有这种严格自相似性的分形称为有规分形。而对于海岸线等在自然界和社会系统中存在的各种分形的自相似性，是只存在于一定尺度范围内，这个范围称为它的无标度域，超出这个范围，自相似性不复存在。自然和社会分形这种自相似性，称为统计自相似性。所谓统计自相似，就是其局部与整体有相同的统计分布规律，更通俗地说，就是局部与整体有同等程度的不规则性、复杂性。凡是不具有严格自相似性的分形都称为无规分形。海岸线等自然分形和数学家们构造的随机分形都属于无规分形。

（5）随堂练习：习题三 1.(1)、4。

四、分数维及其计算

（一）教学目标

（1）了解维数观念发展的简史，理解分数维数的合理性。

（2）会用维数是刻画图形复杂程度和占领空间规模指标的定义，去解决简单的实际生活中的问题，培养创新能力。

（3）在维数观念由整数向分数的转变及其应用中，培养学生的创新意识。

（4）理解相似维数的概念。

（5）会计算有规分形的相似维数。

（二）教学重点

（1）分数维数的合理性。

（2）维数是刻画图形的复杂程度和占领空间规模的指标，并用之解决一些简单的实际问题。

（3）豪斯多夫维数的基本思想。

（4）有规分形相似维数的计算方法。

（三）教学难点

（1）对新的维数观念的认识。

（2）相似维数概念的理解。

（四）教学过程

（1）引入新课题：分数维及其计算，引导学生观察教材P7《直观几何》的一组概略图和P8 图16，使学生直观地认识到随着维数的增加，几何图形逐步复杂化并且占据空间的规模也渐次增大，在此基础上总结出新的维数概念：维数是刻画图形的复杂程度和占据空间规模的指标。

（2）引导学生做教材上的"试一试"，由于图形渐次复杂，维数从小到大依次为C、B、A、D。

（3）引导学生观察概略图下的康托尔集F_1、科赫曲线F_2、门杰海绵F_3，发现它们占据空间的规模分别介于点与线段、线段与正方形、正方形与立方体之间，所以它们维数也应介于0～1维、1～2维、2～3维之间，理解维数为分数的合理性。

（4）引导学生"想一想"，先分析大树阴影的特点：在一片阴影中间散布着太阳穿过树叶缝隙形成的亮点，与谢尔宾斯基垫片或地毯相类似，所以其占据空间的程度应比平面图形小而比线段大，其维数应介于1～2维之间。大树本身作为一个立体图形，由于树枝、树叶之间存在大量大大小小的空洞，与门杰海绵相类似，其维数应介于2～3维之间。

（5）布置思考题：按照新的维数概念和教材中"试一试""议一议"的思路，房子的维数应介于哪两个非负整数之间？中国汉字的发展经历了象形文字的阶段，如果把汉字视为一种图形，它的维数应介于哪两个非负整数之间？笔画多的汉字和笔画少的汉字的维数哪个大？

（6）豪斯多夫维数的意义（或者说基本思想），结合科赫曲线的维数测定来讲解：用1维的长度单位去度量它，结果为无穷大，这样的单位"太细"，用2维的面积单位去度量它结果为零，这样的单位"太粗"，事实上，现已测得其维数为1.2618，就是说在这"太细"和"太粗"的单位之间，有一个维数为1.2618的测量单位，用它去测量科赫曲线就能得到一个确定的数值。

（7）豪斯多夫维数适应范围很广，不仅对一般的分形集有意义，而且对一些非分形集也有意义，但它的计算往往很困难，这里介绍一种相似维数的计算方法，由单位线段、单位正方形、单位立方体的长度、边长、棱长分成2、3等份所得的与原图形相似的小图形在长度、面积、体积方面的关系推导出相似维数的计算公式：$Ds=\dfrac{\ln N}{\ln(\dfrac{1}{r})}$，注意各字母的意义：

Ds为图形的相似维数，N为与原图相似的小图形的个数，r为小图形与原图形的相似比（在分形几何中称为标度比）。

（8）计算科赫曲线的维数。

（9）相似维数对有严格自相似的一类集合有意义，反雪花曲线与雪花曲线有相同的生成元，只不过在其生成过程中，尖角一律向源三角形内突起，它具有严格的自相似性，从而它应与科赫曲线有相同的相似维数，在此基础上指导学生考虑反雪花曲线的维数值。

（10）学生阅读教材P10几种海岸线模型的相似维数计算过程。

（11）例：计算谢尔宾斯基垫片和门杰海绵的相似维数。

（12）随堂练习：习题四 3。

（13）课外作业：习题四 1、2。

五、什么是分形

（一）教学目标

（1）理解分形的法尔科内定义的涵义。加深对分形的认识。

（2）会根据要求制作简单的分形模型，增强实践操作能力。

（3）在体会分形的过程中，加强主体意识，增加一种新奇感，培养对分形的兴趣。

（二）教学重点

分形的定义。

（三）教学难点

分形的法尔科内定义的理解。

（四）教学过程

1. 分形的法尔科内定义中，分形集F的性质解释：

性质（1）：结合教科书P6 图13来解释精细结构。

性质（2）：正方形、圆等的周长、面积都有数学公式来描述，而分形只能用迭代语言来描述：对一种初始图形反复施以一种变换规则而生成。

性质（3）：教材P1 图3具有严格自相似性，P2 图5、图6具有统计自相似性。

性质（4）：结合科赫曲线、康托尔三分集等解释，康托尔三分集是由一些点组成的，它的拓扑维数是0，而分形维数是0.6309。

性质（5）：结合谢尔宾斯基垫片、门杰海绵来解释，它们有初元、生成元：在正三角形中挖去一个倒立的面积为原正三角形 $\frac{1}{4}$ 的小正三角形所得图形，在立方体中挖去7个体积占原立方体体积 $\frac{1}{27}$ 的小立方体所得形体确定的，经过无穷多次迭代而产生。

2. 指导学生阅读"看一看""读一读""议一议"，要求学生动手去"做一做"，通过这些途径来领会分形的概念。

3. 课外作业：

（1）读教材的阅读材料：芒德勃罗生平简介。

（2）习题四1、2。

（3）布置学生做分形模型：① 取一长为 a 的长方形薄纸板［图3（1）］；② 将它对折，在折痕离两端

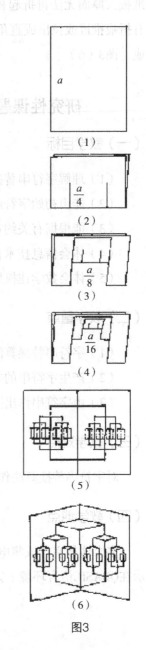

图3

$\frac{1}{4}$ 处各剪开 $\frac{a}{4}$ ［图3（2）］；③ 将剪开的中间部分对折起，在新折痕离两端

$\frac{1}{4}$ 处各剪开 $\frac{a}{8}$ ［图3（3）］；④将新剪开的中间部分对折起，在新折痕离两端

$\frac{1}{4}$ 处各剪开 $\frac{a}{16}$ ［图3（4）］；……，将这种操作反复进行下去，直到因折起的纸板太厚而无法再折起和剪开为止；⑤ 打开纸板展平［图3（5）］；⑥ 将其所有折痕推进或拉出成直角，得一分形模型，它由多种层次的看似长方体的图形构成［图3（6）］。

研究性课题：字符串替换算法作科赫雪花曲线

（一）教学目标

（1）理解字符串替换算法的意义和用它作分形图的思想原理。

（2）能由初始字符或字符串按替换规则写出后续字符串。

（3）能根据有关约定作出字符串的图形。

（4）体会信息技术在数学可视化方面的作用。

（5）体会数学建模思想、迭代思想。

（二）教学重点

（1）字符串替换算法的意义。

（2）产生字符串的方法。

（3）由字符串作出图形。

（三）教学难点

对字符串替换算法作分形图的思想原理的理解。

（四）教学地点

多媒体教室，或将电脑搬至课堂上以便演示科赫雪花曲线的计算机生成，演示在QBASIC语言环境下完成，要求电脑装配有QBASIC系统软件。

（五）教学过程

（1）由斐波那契"兔子增殖"问题引出字符串替换算法。

（2）解释字符串替换算法。它要求两个条件：①有初始字符；②有替换规则。

（3）要求学生将教科书图30画至第7个月。

（4）字符串作图的原理：对于字符串中的每一个字母，赋以一定的几何意义（旋转一个角度、画一条线段等），再规定一个初始方向和画线长度，则一个字符串就会产生一个图形。反之，按照某种约定，同样可将由折线构成的几何图形用字符串来表示。在此基础上引导学生分析科赫曲线的构作过程中，把科赫曲线的初始图形和不断实施的几何变换用字符串表示出来。

（5）随堂练习：在上述约定下，

①沿顺时针方向转$\dfrac{2\pi}{3}$可用字符串表示为_____；

②设初始方向为向右方向，画线长度为0.5cm，字符串"cac"图形为_____；

③设初始方向为向右方向，画线长度为0.5cm，字符串"acbbca"的图形为_____；所夹的锐角等于_____度。

（6）学生阅读教材，了解怎样用字符串替换算法在计算机上作科赫雪花曲线的图形。

（7）演示科赫曲线的生成过程，说明将在等边三角形第一边上的操作步骤变换角度重复两次，就可完成在等边三角形另两边上的作图而得出科赫雪花曲线。

（8）课外作业：完成教材后课题作业1、2。

六、几何的意义和分形前景

"分形几何初步"内容小结

（一）教学目标

（1）对分形几何的理论意义、实用价值有初步的了解。

（2）理解分形几何的基本内容。

（3）能举例说明分形几何的理论和实用价值。

（4）会用分形几何的基本知识解决简单的实际问题。

（5）培养学生关注科技前沿理论的意识。

（二）教学重点

复习分形几何基本内容。

（三）教学过程

1. 分形的理论价值可从以下几方面阐述：

（1）与欧氏几何研究规则形体不同，它研究不规则形体，拓展了几何学研究对象的范围；

（2）使信息技术在数学可视化方面的功能大为加强，推动了计算机图形学的发展；

（3）揭示出局部与整体新的本质联系，具有深刻的哲学意义；

（4）成为混沌科学主要的数学工具。

2. 分形的实用价值实例：

（1）对中医诊治疾病原理做出成功的解释；

（2）提供了描述自然形态的几何学方法，模拟自然景物方面得到广泛应用，例：用分形方法生成云彩（图4）；

（3）自相似原理在农业选种方面的应用，提高农作物的产量。

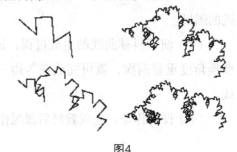

图4

3. 《分形几何初步》中要求理解和掌握的内容：

（1）理解康托尔三分集、科赫曲线、科赫雪花曲线、谢尔宾斯基垫片与地毯、门杰海绵的概念，并能画出它们3～5步的图形。

（2）理解初始元和生成元的概念，能由一个分形构作的头几步区分其初始元与生成元，也能由初始元与生成元作出生成一个分形的头几步图形。

（3）理解随机康托尔集和随机科赫曲线的概念，掌握随机分形的构作方法，知道随机分形是现实事物更贴切的数学模型。

（4）知道皮亚诺曲线在数学史上的地位，知道其构作方法。

（5）对分形几何的著名问题——"英国海岸线有多长"有较深刻的认识（能说清为什么长度为无穷大，并知道产生这种结果的原因是海岸线的维数是大于1的一个分数，而测量的长度单位是维数为1的单位线段）。能理解用科赫雪花曲线作为海岸线模型的合理性（它与海岸线都是分形，周长都为无穷大而面积都为定值，维数都大于1）。知道与科赫雪花曲线相比，随机科赫雪花曲线是海岸线更贴切的数学模型。

（6）理解分形的自相似性，知道这是无特征尺度形体的重要特征，知道自相似性常见的两种类型——严格自相似性和统计自相似性，知道和它们对应的有规分形和无规分形的概念。

（7）理解分数维数的合理性，理解维数是描述几何图形的复杂程度和占据空间规模的一个指标的定义，并能用以解决一些简单的实际问题。

（8）掌握求相似维数的方法及适应范围，能求一些简单有规分形的相似维数。

（9）理解豪斯多夫维数的基本思想。

（10）初步理解分形的法尔科内定义中所列分形的五条特性，能通过实例体会分形。

（11）对分形几何创始人芒德勃罗的简历有初步了解。

（12）理解字符串替换算法的意义，会用初始字符和替换规则产生字符串，能根据约定手工作一些简单字符串的图形，知道图形每一步画线动作是由哪个字符串作出的。

（13）对分形几何学的意义和前景有一定的了解。

"分形几何初步"教学建议

一、分形——"病态"的"数学怪物"

（一）教材分析

1. 内容：本节主要给出分形几何研究中的一些基本材料——几种经典分形：康托尔三分集、科赫曲线（科赫雪花曲线）、谢尔宾斯基垫片与地毯、门杰海绵的意义和构作过程，初始元和生成元的概念，随机康托尔集、随机科赫曲线的概念和构作过程，因引起维数观念变革而在数学史上占有重要地位的皮亚诺曲线等。

2. 结构体系：以经典分形为主线，将随机分形穿插于其中；经典分形按其初始元从1维线段到2维三角形到3维立方体的顺序安排，皮亚诺曲线在例题中出现，并以背景材料的形式给出其意义和作用，鉴于本教材属学科初步的性质，因而在编排处理上为突出康托尔三分集、科赫曲线和科赫雪花曲线、谢尔宾斯基垫片、门杰海绵等五种分形，将其内容和初始元、生成元概念编排成大字，其余内容排成小字，体现教材的弹性。

（二）教学时数

2课时。

（三）教学建议

1. 由于本节重点是介绍几种经典分形及其构作，而构作方法的介绍能加深对分形的理解，所以建议在教学中应抓住构作的特点："挖"或者"补"，并让学生注意到：由"挖"生成分形是越来越简单，占据空间的规模越来越小，由"补"生成分形是越来越复杂，占据空间的规模越来越大，从而为后面的分数维的教学做好铺垫。其次，分形生成的两个要素是初始元和生成元，这两个要素一旦确定，分形也就确定了。初始元相同而生成元不同，会构作出不同的分形。比如康托尔三分集和科赫曲线就是一例。所以在教学中要注意引导学生充分理解初始元和生成元的概念，要能从已给出的分形构作步骤中区分出它们。反过来，又要能用它们去构造出分形。本节的例1就是为此而设置的。

2. 教学中要启发学生的想象。因为经典分形都具有大大小小无限的层次，而在实际构作过程中仅能画出它的头几步，即使利用计算机作图也只能画出有限的步骤，所以"无限"就只能靠想象，靠在有限几步的手工作图中去体会。教材上例2设置的一个目的就是通过编题来品味在康托尔集构作过程中体会"无限"，想象与估计出其长度值；另一个目的就是把分形构作与数列的关系明朗化，建立分形几何和数列的联系，让学生体会欧氏几何的知识在分形几何学中的运用。还有一个目的就是创设一种研究的情境，培养学生发现问题和提出问题的能力。

3. 分形几何学作为一种新的几何分支，人们倍加关注的是其价值——理论价值与实用价值，所以教材中每一种经典分形后都基本上列出其一个或几个应用的方面，教学中尤其应强调这一点，因为要让学生能学好它，仅仅感到它新奇而产生兴趣是不够的，新奇的东西久了也就会丧失"新"的意义，只有认识到它的价值，才能使学生的兴趣长久不衰，获得学习的源动力。

4. 最早出现的"病态数学怪物"，是1872年，德国数学家维尔斯特拉斯发现的一个处处连续但处处不可微的以他的名字命名的奇异函数

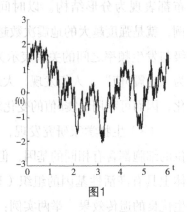

图1

$$f(t)=\sum_{k=0}^{\infty}(\frac{3}{2})^{-k/2}\sin((\frac{3}{2})^k t)\quad（如图1）$$

这在当时引起数学界的震惊，因为它突破了连续函数一般是处处可微的传统观念。但人们看到这是一个无穷函数级数，就认为这仅仅是极为个别的"病态"的例子。孰不料在此后的半个世纪里，数学家们接二连三地设计出多种类似的

反例：康托尔三分集、科赫曲线、谢尔宾斯基垫片等，它们构建了一个"反直觉的""病态数学怪物"的画廊。

5.教学设计中引起学生对分形几何重视的几个实例的说明。

（1）根据生物分形原理，穴位是人体某一部位在分形元上的反映，一个穴位群是人体的缩影，是一个分形元。例如头、足、耳、鼻和舌都是分形元，人体各部位器官对应的穴位分布其上（图2），某一器官或部位病变时，就会在对应的穴位表现出来。因此可通过观察穴位的状态来诊断疾病。同时相应穴位会产生对痛刺激敏感、皮肤电阻降低等病理生理反映，所以此时对穴位针灸或按摩，就会产生治疗效果。这就利用生物分形原理，对诊治疾病做出了合理的解释。

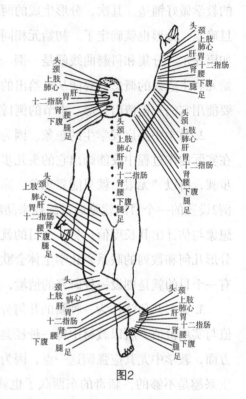

图2

（2）科学家们研究发现，地震的时间分布、空间（地点）分布、强度分布都表现为分形结构。以时间分布为例，就是强度越大的地震次数越少，随强度减小次数增多。现已把这种地震的震级与发生频率之间的关系表示为一个$G-R$公式，这个公式中有一个参数b，被称为"地震b值"，人们发现，大地震发生前，中小地震的b值往往有比较明显的变化，因而可利用地震b值的变化对地震做出预报，减小生命财产损失。

（3）生物学家研究发现，生物遗传具有自相似性。因为尽管生物体不同部位的细胞都含有相同的基因，但不同部位细胞基因的活性有差别。如果选取生物体上具有高活性基因的组织（种子、芽等）去繁殖后代，发育就会处于优势产生优良的遗传效果。举两实例：玉米棒分布于植株的中下部，根据分形的自相似原理，选取玉米棒中下部的玉米籽粒作种子，产量比以玉米棒梢部玉米籽料作种子产量高。我国生物学家，全息生物学的创始人张颖清教授实验发现可提高产量35.47%。高粱的果穗长在植株顶部，选用果穗顶部的籽粒作种子比用中部和基部籽粒为种子分别增产6.5%和15%。

（四）习题一提示或参考答案

1. "垫片" "地毯" 和 "海绵" 的初始元分别是正三角形、正方形、立方体；生成元分别是将正三角形4等分，挖去中间1个小正三角形所得图形；将正方形9等分，挖去中间1个小正方形所得图形；将立方体27等分，挖去体心1个和以立方体六个面每个面中间的小正方形为一个面的6个共计7个小立方体所得形体。

2. （略）。

3. （H）、（I）、（J）、（F）、（G）。

4. （1）8^{n-1}。

（2）$\dfrac{1}{3^n}$

（3）还可提出如下问题：

①求新正方形的面积。　　（$\dfrac{1}{9^n}$）

②每次去掉的新正方形的总面积。　　（$8n-1\times\dfrac{1}{9^n}$）

③每次剩下的面积。　　（$(\dfrac{8}{9})^n$）

④n无限增大时，图形面积会怎样变化？　　（渐渐变为0）

⑤图形的哪些部分永远能保留下来？　　（所有的正方形的边）

5. 初始元等边三角形的边长为1，则其面积为$\dfrac{\sqrt{3}}{4}$。

构作第1步所得六角星形（图3）面积为

$$\dfrac{\sqrt{3}}{4}+3\times\dfrac{1}{9}\times\dfrac{\sqrt{3}}{4}=\dfrac{\sqrt{3}}{3}$$

连接六角星形顶点所得正六边形面积为

$$\dfrac{1}{2}\times6\times\dfrac{\sqrt{3}}{3}\times\dfrac{\sqrt{3}}{2}\times\dfrac{\sqrt{3}}{3}=\dfrac{\sqrt{3}}{2}$$

六边形外接圆面积为 $\pi(\dfrac{\sqrt{3}}{3})^2=\dfrac{\pi}{3}$，故应选B。

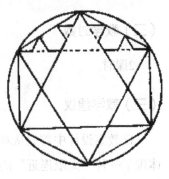

图3

二、英国的海岸线有多长

研究性课题：科赫雪花曲线的周长与面积

（一）教材分析

1. 内容：海岸线长度问题和科赫雪花曲线的周长与面积关系的研究。英国的海岸线有多长，是芒德勃罗震惊学术界的论文标题，正是从这个问题的研究开始，最终导致了分形几何这门新学科的诞生。科赫雪花曲线的周长和面积关系的研究目的是让学生能更深刻理解海岸线长度问题，理解雪花曲线作为海岸线模型的合理性。

2. 结构体系：将两个内容放在一起，主要是它们有相同的结论。讨论的对象一个是理论的，一个是实际的，它们都是周长无限而面积为定值，为最后把科赫雪花曲线用作海岸线模型的合理性一步步做出解释。理论对象的讨论以研究型课题的形式出现，一是为了营造一个探索的环境，二是建立新知识与学生原有知识结构（主要是数列知识）的联系，为学生提供一个应用所学知识解决实际问题的机会。研究性课题未曾另行提供练习，主要是让学生集中精力写好小论文，小论文的质量代表了学生对本节课内容的认识水平。

（二）教学时数

2课时。

（三）教学建议

1. 教案设计中首先从对曲线长度的测量入手，先讲明测量曲线长度的原理，体现了一种"无限逼近"的思想，然后启发学生发现曲线长度会随测量单位的减小而变得无穷大，到这里没有引导学生继续深入分析这种奇怪现象的原因，而转入到海岸线测量问题，在海岸线问题中再去分析这种现象的原因。要注意这样设计的目的是提高课堂教学的效率，因为在曲线或海岸线中的原因都是一样的。另外，我们在黑板上所画的曲线，可能不像科赫曲线那样有大大小小的许多层次，但从理论上说，当我们用显微镜不断放大倍数去观察曲线上的某一部分时，总能发现新的不规则性和复杂性，因而总是"弯曲的"。

2. 本节要强调"英国的海岸线有多长"的问题是芒德勃罗创立分形几何学的发端，所以它是分形几何学的经典问题，没有任何一部分形几何论著不提到它。

3. 在海岸线长度问题中，已提出分数维这个概念，但教学中没有必要作过多的解释，后面我们将会继续讨论这个问题，但必须让学生知道：海岸线长度之所以会无穷大，是因为它的维数是比直线维数大的分数，而过去我们学的直线、平面图形、立体图形的维数都是整数，也无须再深入讲为什么它的维数是分数就会使长度无穷大的原因，这在后面讲到豪斯多夫维数概念时会进一步研究。

4. 在研究性课题中计算科赫雪花曲线面积时用到无穷等比数列 $|q| < 1$ 时的求和公式这个公式，出现在现行高三理科限选教材的阅读材料中，本教材在脚注中给出公式。

5. 培养学生的探索问题，研究问题的能力是本课程的一个重要目的。作为本节课内容的课题作业撰写研究小论文教师要引起足够重视，因为在过去的学习中尽管也有一些问题的探究，但明确要求写小论文可以说是头一次。论文的写作实际上是对研究全过程的一次系统的梳理。教师要加强指导，要讲清论文写作的一般流程是提出问题→进行研究→得出结论→结论的意义（理论或应用价值）分析。课题末列出了写作提纲，目的是希望小论文写作能更规范。

（四）习题二提示或参考答案

1. 因为用长度单位去测量海岸线已不能得到确定的数值。

2. 参阅本节教材内容的第二段。

三、特征长度与分形的自相似性

（一）教材分析

1. 内容：本节是分形三个最重要的问题之一：分形的原理——自相似。

2. 结构体系：无特征长度是分形的重要性质，正因为它无特征长度，所以它有自相似性。教材从特征长度谈起，一步步深入到自相似性等许多概念。

（二）教学时数

1课时。

（三）教学建议

1. 对特征长度只能通过学生能领会的几个实例让学生体会它的意义，不可讲得过多，要把握好"度"。但对有特征尺度的形体有两个特征：改变测量单位结果也不会改变和一般是光滑的要让学生懂得意思，这为我们后面阐明分形元所以有相似性质是因为它无特征长度做好了铺垫，并且使分数维作为其量化指标理由充分。

2. 在教材以及教学设计等课程材料中，"特征长度"和"特征尺度"两个词都出现了，其实它们的关系是前者从属于后者，是后者的一种类型。特征时间也是一种特征尺度，比如人们知道电视剧中间往往插播一段时间的广告，但播放的时间总是在20分钟左右，这就是一种特征时间。所以特征尺度应视为事物一种通常的标准，正由于有这种通常标准，人们想事推理就会较客观实际。郝柏林院士说过，计算机内部元件尽可以微型化，但键盘和显示屏的大小却必须考虑人体的尺度。

3. 分形的自相似性分两种：严格自相似性和统计意义上的自相似性。严格自相似性只存在于数学家们构造出来的经典分形中，这些经典分形因有这种严格自相似性而被称为有规分形，除经典分形外的所有像海岸线等自然分形以及由经典分形随机化产生的随机分形（如随机科赫曲线等）都只具有统计意义上的自相似性，它们被称为无规分形。有规分形的局部放大一定的比例与整体完全相同，而无规分形的局部按一定比例放大后只能与整体有相同的统计分布规律，或者说复杂性程度相同。要注意在图13中，将 $[0, 1]$ 分成 $[0, \frac{1}{3}]$，$[\frac{1}{3}, \frac{1}{2}]$，$[\frac{1}{2}, \frac{2}{3}]$，$[\frac{2}{3}, 1]$ 四个部分，每个部分的图形放大3倍就与整体相同。当然，还可以把这区间分得更小。可让学生想一想，为了使小区间上的图形放大9倍和整体相同，区间又应怎样分？

4. 随堂练习：习题三、4. 设置本题的目的有两个：一个是题目上所讲的，让学生体会这些词体现的相似性原理，另一个就是让学生认识分形在我们周围的空间到处都是，有看得见、摸得着的自然形体，也有看不见、摸不着的社会形态的东西。

（四）习题三提示或参考答案

1.（1）3、9。

（2）严格、统计。

（3）半径、直径。

2. 因为它们都是有特征长度的形体，要用适当的长度单位去测量，在这里前者太短后者又太长，都不是它们合适的尺度。

3.（1）改变测度单位结果不变；（2）形体是光滑的或近似光滑的。

4.（略）。

四、分数维及其计算

（一）教材分析

1. 内容：本节是分形三个最重要的问题之二：分形的思想——分数维。

2. 结构体系：分数维安排了二项内容：维数观念的扩展——从整数维数扩展到分数维数；相似维数的计算，这是从线段、正方形、立方体等欧氏图形中得出的一种维数，较便于理解，并且对有规分形都容易计算出来。举出几个例子说明具体求法。

（二）教学时数

2课时。

（三）教学建议

1. 维数观念的扩展是指维数由几千年来传统的整数维数扩展为整数和分数维数。这种扩展应该说始于1890年皮亚诺曲线的诞生，1919年德国数学家豪斯多夫的连续空间的概念奠定了基础，最终由芒德勃罗完成。皮亚诺曲线的诞生使几千年来把维数定义为确定空间中一点所需要的最少坐标个数的观念遭受到挑战，促使了人们对维数的深入研究，重新认识维数的本质，建立起维数的一个新概念——图形复杂程度和占领空间规模的指标。这个新的概念的建立，要充分利用教材中从《直观几何》中撷取的一组概略图和P8图16，使学生能直观地引出这个概念。而分数维观念的合理性，则必须引导学生观察。考虑概略图下的三个图形，它们和概略图结合，也直观地表现了这一点。

教材中的"试一试"是为维数新概念设置的。"想一想"主要结合分数维数的合理性的教学，要充分利用它们加深对维数的新概念和分数维合理性的认识。

2. 豪斯多夫维数是几何图形一种最重要的维数，它既适应分形，也适应于规则图形（有的分形论著称之为"整形"），它有严格的数学定义，但用到抽象的测度理论，我们只能让学生领会它的思想。在介绍它的思想时，教材采用了形象、直观的方法，在高中阶段对豪斯多夫维数只能采取这样的做法，提这种较低的要求。但是必须告诉学生，一般图形的豪斯多夫维数很难求出，正由于此，所以人们又提出了其他的维数定义，这就为相似维数的引出埋下了伏笔。

3. 相似维数是高中生较可能接受的唯一一种分形维数，它的推导立足于单位直线段、正方形、立方体等规整的欧氏图形，是在学生多年来已建立的欧氏几何观念中生长起来的。主要利用图形等分成一些相似的小图形的个数N和小图形与原图形的相似比（即标度比）r的Ds方的乘积会与原单位图形的长度、或面积、或体积相等这样一个事实，得出一般的Ds的表达式，从而计算出Ds。虽然我们推导中利用规整图形算出它们的维数为整数1或2或3，但实际它表明了相似维数完全没有必要是整数，这就是说相似维数是把经验维数扩大为非整数值的划时代的量。在相似维数计算公式推导过程中，建议在每个图形旁边列出具体的N、r、单位长度、面积或体积值1之间的关系，然后分别在直线段、正方形、立方体的情况下都列出一般式，从而再总结出对于规整图形（包括欧氏几何图形与规则分形）求相似维数的公式$Ds=\dfrac{\ln N}{\ln(\dfrac{1}{r})}$。

4. 对公式的应用要先理解每个字母的含义，特别是要正确区分r与$\dfrac{1}{r}$，r是被分成的小图形与原图形的相似比，一般是一个小于1的分数，所以$\dfrac{1}{r}$一般是一个大于1的整数。其次在用这个公式求分形维数时，首先要能识别出分形的初始元和生成元，才能确定N与r的值。另外在用公式计算相似维数时，提醒学生用CZ1206型计算器，求科赫曲线的相似维数$Ds=\dfrac{\ln 4}{\ln 3}$的按键顺序是 $\boxed{4}$ $\boxed{\ln}$ $\boxed{\div}$ $\boxed{3}$ $\boxed{\ln}$ $\boxed{=}$，显示幕上显示的数据为1.261859507，取小数点后4位得1.2618。

5. 要特别提醒学生注意的是，这种相似维数的概念和求解公式除可用于一些欧氏图形外，只在有规分形中才可以用。但要注意有规分形比经典分形的范围广。习题四第3题中图27就是一个分形的生成元，它以正方形为初始元。生成的分形虽然不是经典分形，但也是一种有规分形，故其相似维数可用上述公式计算出来。

（四）习题四提示或参考答案

1. 0.6309 、1.8928

2. 1.7925 、 1.4037 、 1.5000 、1.5000、1.0000

3. 2.3347

五、什么是分形

（一）教材分析

1. 内容：本节是分形三个最重要的问题之三：分形的定义。

2. 结构体系：分形的定义采用了法尔科内的一个，本节不强调学生掌握定义，给出"看一看""读一读""做一做""议一议"等几种形式让学生去体会分形，强调主体的参与和实践，以求对分形概念有较深的认识。

（二）教学时数

1课时。

（三）教学建议

对分形的定义，教材给出一些具体例子让学生去体会，虽然学术界较流行的法尔科内的定义中列出了分形的五条特性，但在中学课程中重要的是让学生在教材的"看一看""读一读""做一做""议一议"中体会分形具有多种或无限层次的自相似性和维数一般是分数这两个重要特征。

（四）习题五提示或参考答案

1. 自然分形：闪电的轨线、金属的裂纹、液体的浸润边界、树皮的表面、夹竹桃的枝叶、凤尾草等。

社会分形：股市的行情记录、人口变化曲线、商品价格的浮动程度、噪音随时间变化的轨迹等。

2.（略）。

3. 见图4。

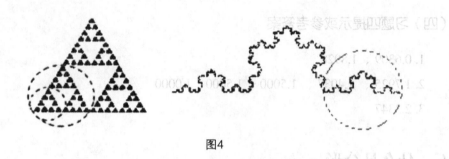

图4

4. 分形的第1条特性讲它具有无限的层次，这应是对一些经典分形而言的，对自然界和社会系统中的分形，它们的层次是有限的。

研究性课题：字符串替换算法作科赫雪花曲线

（一）教材分析

1. 内容：

（1）字符串替换算法的意义。

（2）以科赫曲线为例说明字符串替换算法作分形图的原理：在某种约定下，将分形的初始元和生成元的几何图形表示为字符串，按迭代的规则不断产生新的字符串，依据原来的约定，把从初始字符开始的一系列字符串转化为不断被替换的一系列图形。

（3）上述原理的例题说明。

2. 结构体系：由斐波那契"兔子增殖"问题引入字符串替换算法后，通过例题加深对此替换算法意义的认识，并展示用其作图的原理；再结合科赫曲线的生成对原理作进一步的说明，最后给出科赫雪花曲线的QBASIC程序。

（二）教学时数

2课时。

（三）教学建议

1. 本研究性课题从"兔子增殖"问题引入字符串替换算法，有两层含义：① 直观，令学生感兴趣，使学生更好地理解这种方法；②渗透数学建模的思想，"b→a→ab→aba→abaab→……"实际上就是兔子繁殖问题的数学模型，并且可更进一步地将它抽象为1、1、2、3、5、……，这就是著名的斐波那契数列了，教学中要充分利用这样的素材进行数学建模思想的渗透。本研究性课题体现数学建模思想的另一处是将科赫曲线的初始元"——"和生成元"＿∧＿"用字符串表示。

2. 本课题由字符串作图例作 $E(1)\$$ 的图形时要注意：①在字符串中，每一个表示画线的字符（本例为c）前都有一个或几个确定画线方向的字符（本例为a、b），两者组合成一个画线步骤，据之可画出某一方向的一条线段，故画线步骤的多少由表示画线字符的个数确定；②每一步画线方向即为下一步画线的初始方向。

教学设计随堂练习答案：(1) bb；(2) ＿／；(3) ∧，60度。

布置让学生阅读教材（从第2段至科赫雪花曲线程序前）后对科赫雪花曲线程序进行演示，在演示前要先对阅读教材进行解释，特别是从第2步起，画线长度都是前1步1/3的，解释时可利用教材P1（图3）。演示程序主要向学生直观地解释怎样据已构作的一系列字符串一步一步地来生成科赫曲线，使学生对这种方法的依据、对迭代的思想有较深刻的体会。要注意演示程序和教材上科赫雪花曲线的程序有所不同。

4. 上机操作可作为课外作业，学生可在学校微机室上机，家庭有电脑的学生也可在家中上机，只要学过了QBASIC语言的学生操作都不会有困难，但要求计算机具有QBASIC系统软件。

（四）课题作业参考答案

1. （略）。

2. （1）$E(1)\$$ = "aecbdcdbcea"

$E(2)\$$ = "abdcaeceacdbcbaecbdcdb

ceacaecbdcdbceabcbdcaeceacdba"

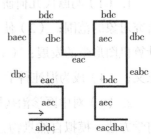

图5

（2）E(2)$ 的图形及各线段对应的字符串如图5所示。

（3）E(3)$是由211个字符构成的字符串（E(2)$有51个字符，其中有8个d，所有d将被d$替换，有8×11=88个字符；有8个e，所有e将被e$替换，有8×11=88个字符。故总共有88+88+（51-8-8）=211）。

六、分形几何的意义和前景

（一）"分形几何的意义和前景"教材分析与教学建议

对一门新学科，只有认识到它的意义，了解它广阔的发展前景，才能认真学习它，学好它。所以本节内容分量不大却很重要。主要分三部分：分形几何的理论意义、应用价值和前景展望。限于篇幅和学生的知识基础，三部分内容都不能讲得很具体，教学中要补充些学生能理解的实例，使学生能有些具体的认识，可采用先让学生阅读，老师再分别从几个方面补充一些实例的做法，宜在半个课时之内结束本内容。

（二）"分形几何初步"内容小结

"分形几何的意义和前景"是本教材最后一节内容，利用剩下半节课时间，对教材内容进行梳理，对学生理解和掌握教材内容很有必要。"教学设计"中将这些内容分13点列出，基本按教材的编排顺序。每一点应结合教材进行复习，并列举有关例题以巩固知识或说明的运用。教材后面的部分复习题可在内容小结时提示由学生课后解答。

（三）习题六参考答案

1.（1）与欧氏几何研究规则形体不同，它研究不规则形体，拓展了几何学研究对象的范围；（2）使信息技术在数学可视化方面的功能大为加强，推动了计算机图形学的发展；（3）揭示出局部与整体新的本质联系，具有深刻的哲学意义；（4）成为混沌科学主要的数学工具。

2.（1）对中医诊治病原理做出成功的解释；（2）提供了描述自然形态的几何学方法，模拟自然景物方面得到广泛应用，例：用分形方法生成云彩；（3）自相似原理在农业选种方面的应用，提高农作物的产量。

复习题提示或参考答案

1. 有规分形：科赫曲线、分形树、皮亚诺曲线等。

无规分形：通信线路中的噪音分布模型、股市行情变化曲线、夹竹桃枝叶、人的肺膜、烟云的边缘等。

2. 挖去靠每边中间的4个小正方形所得E_2见图6，留下靠每边中间的4个小正方形所得E_2见图7。

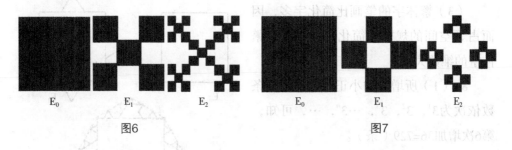

图6   图7

3. E_1即为生成元，E_2如图8所示。

4. 如图9所示。

（1）2^n。

（2）$2^{n+1} - 1$。

（3）$\dfrac{1}{2^n}$。

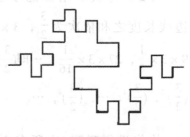

图8

（4）还可提出如下问题：

①求全部树枝的长度。$(n+1)$

②如果新生树枝的长度是前一步的$\dfrac{1}{3}$，以上三个问题的答案情况如何？

$\left[（1）、（2）不变，（3）变为\dfrac{1}{3^n}\right]$

5. 初始元是a，生成元是b。

6. （1）图形如图10所示。

（2）观察图10E_2一边上的图形，可猜想这边上的图形局限于连接正方形两个顶点和E_1向外突起的一个角点所得等腰三角形内，此等腰三角形顶角为120°，底角为30°，故可猜想形成的分形局限于一个等边八边形内，此八边形有四个内角为120°，另四个内角为150°。

（3）以正方形边长为底边的等腰三角形面积为$\dfrac{1}{2} \times 1 \times \dfrac{1}{2} \times \dfrac{\sqrt{3}}{3} = \dfrac{\sqrt{3}}{12}$，所以形成的分形的面积应小于$1 + \dfrac{\sqrt{3}}{3}$。

7.（1）不可以为零。任何汉字都有笔画，有笔画就要占据空间，占据了空间维数就不会为零。

（2）在一般情况下是分数。只有"一"字写得很规范时可以认为它是1维的，是整数。

（3）繁体字的笔画比简化字多，因而占领空间的规模比简化字大，所以繁体字的维数大。

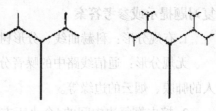

图9

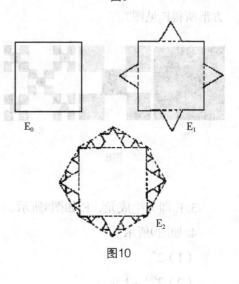

图10

8.（1）所增加的小正三角形边线条数依次为3^1，3^2，3^3，…3^n，…，可知，第6次增加3^6=729（条）。

（2）每次所增加的小正三角形边线长度之和依次为$\frac{3}{2}$，$3 \times 3 \times \frac{1}{4}$，$9 \times 3 \times \frac{1}{8}$，$27 \times 3 \times \frac{1}{16}$，…即$(\frac{3}{2})^1$，$(\frac{3}{2})^2$，$(\frac{3}{2})^3$，$(\frac{3}{2})^4$，…，$(\frac{3}{2})^n$，…。

构作进行到第6次所有小正三角形边线长度为$\frac{\frac{3}{2}[1-(\frac{3}{2})^6]}{1-\frac{3}{2}}=3[(\frac{3}{2})^6-1]=31\frac{11}{64}$。

（3）每次所挖去的小正三角形面积之和依次为$1 \times \frac{1}{4} \times \frac{\sqrt{3}}{4}$，$3 \times \frac{1}{4} \times \frac{1}{4} \times \frac{\sqrt{3}}{4}$，$9 \times \frac{1}{4} \times \frac{1}{4} \times \frac{1}{4} \times \frac{\sqrt{3}}{4}$，…。

构作进行3次所得E_3的面积为$\frac{\sqrt{3}}{4}-[\frac{1}{4} \times \frac{\sqrt{3}}{4}+3 \times (\frac{1}{4})^2 \times \frac{\sqrt{3}}{4}+3^2 \times (\frac{1}{4})^3 \times \frac{\sqrt{3}}{4}]$

$=\frac{\sqrt{3}}{4}-\frac{\sqrt{3}}{4} \times \frac{1}{3}[\frac{3}{4}+(\frac{3}{4})^2+(\frac{3}{4})^3]=\frac{\sqrt{3}}{4}\{1-\frac{1}{3} \times \frac{\frac{3}{4}[1-(\frac{3}{4})^3]}{1-\frac{3}{4}}\}=\frac{\sqrt{3}}{4} \times (\frac{3}{4})^3=\frac{27\sqrt{3}}{256}$。

（4）可提出问题：

①n为实施次数，构作进行到第n次时所有小正方形边线长度。（$3[(\frac{3}{2})^n-1]$）

②n为实施次数，构作进行到第n次时图形所剩余面积。（ $\frac{\sqrt{3}}{4} \times (\frac{3}{4})^n$ ）

③n变为无穷大时，大大小小三角形边线总条数如何变化？图形的面积如何变化？（边线总条数趋于无穷大，图形面积趋于0）

（5）在门杰海绵的形成过程中，每次挖去的是一些立方体的内心而留下了它的面，所以反复挖下去的结果是"肉"越来越少而面越来越多。

①设n为实施次数，请填写下表：

	1	2	3	4	⋯	n	⋯
挖去的立方体的个数							
挖去的立方体的面积							
挖去的立方体的体积							

②当n为无穷大时，它的面积和体积情况如何？

（个数：7，20×7，$20 \times 20 \times 7$，$20 \times 20 \times 20 \times 7$，⋯，$20^{n-1} \times 7$，⋯

面积：$7 \times 6 \times (\frac{1}{3})^2$，$20 \times 7 \times 6 \times (\frac{1}{3})^4$，$20 \times 20 \times 7 \times 6 \times (\frac{1}{3})^6$，

$20 \times 20 \times 20 \times 7 \times 6 \times (\frac{1}{3})^8$，⋯ $20^{n-1} \times 7 \times 6 \times (\frac{1}{3})^{2n}$，⋯

体积：$7 \times (\frac{1}{3})^3$，$20 \times 7 \times (\frac{1}{3})^6$，$20 \times 20 \times 7 \times (\frac{1}{3})^9$，

$20 \times 20 \times 20 \times 7 \times (\frac{1}{3})^{12}$，⋯，$20^{n-1} \times 7 \times (\frac{1}{3})^{3n}$，⋯

当n为无穷大时，面积趋近于无穷大而体积趋近于0。）

9．（1）E(1)\$= "ccaacdcbbcdcbbcdcaaccaaccccaacccc"。

（2）E(0)\$如图11（1）；E(1)\$图形如图11（2）。

（3）E(2)\$是由99个字符构成的字符串（E(1)\$有33个字符，其中有18个c，在下一步迭代中c都将被c\$所替换而变为$18 \times 2=36$个字符；有3个d，在下一步迭代中d都将被d\$所替换，而变为$3 \times 17=51$个字符，故共有$36+51+（33-18-3）= 99$）。

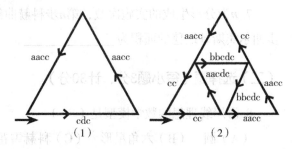

图11

分形几何课程实验评价资料

一、普通高中实验课程"分形几何初步"测试题

（一）填充题（每空2分，计20分）

1. 分形几何学的研究对象是 _____ 。创立者是 _____ 。

2. 分形几何学的基本思想是 _____ 。基本原理是 _____ 。

3. 引起维数观念变革的著名曲线是 _____ 。

4. 引发分形几何学诞生的著名问题是 _____ 。

5. 将图1中$[\frac{1}{3}, \frac{1}{2}]$部分放大 _____ 倍就和原曲线完全相同。

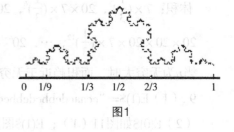

图1

6. 康托尔三分集的长度等于0，随机康托尔三分集的长度等于 _____ 。

7. n为分形生成的实施次数，第n步科赫曲线的长度为 _____ ；第n步谢尔宾斯基地毯的面积为 _____ 。

（二）选择题（每小题3分，计30分）

8. 海岸线理想的数学模型是（ ）

（A）圆 （B）六角星形 （C）科赫雪花曲线 （D）随机科赫雪花曲线

9. 描述分形最适合的特征量是（ ）

（A）长度　　　　　（B）面积　　　　（C）体积　　　　（D）分数维

10. 如图2，可分辨出谢尔宾斯基地毯的（　　）

（A）1个层次　　　（B）2个层次　　　（C）3个层次　　　（D）无数个层次

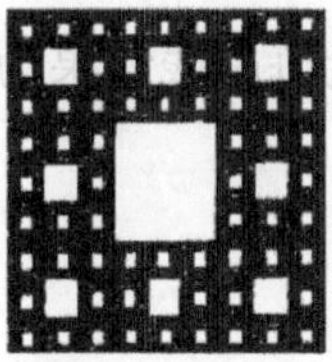

图2 　　　　　　　图3 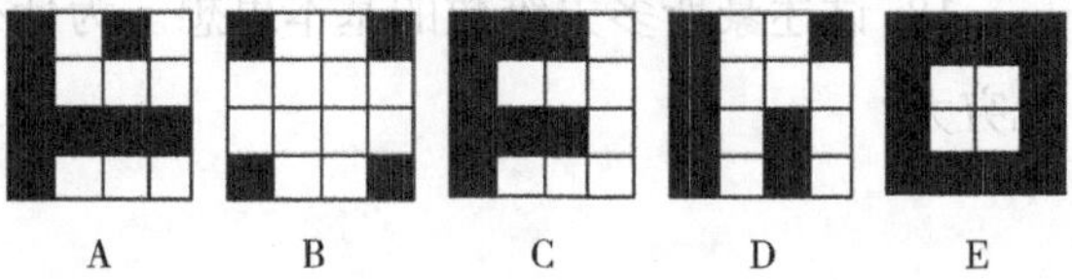　　　　　　　　　　　　图4

11. 如图3，初始元棱长为1的门杰海绵构作进行第3步挖去的体积为（　　）

（A）$20^2 \times 7$　　　（B）$(\frac{1}{3})^6$　　　（C）$(\frac{1}{3})^9$　　　（D）$20^2 \times 7 \times (\frac{1}{3})^9$

12. 如图4，五种生成元构作的分形中相似维数最小的是（　　）

13. 如图5，皮亚诺曲线的生成元是以单位长线段中间的 $\frac{1}{3}$ 为一边向线段两旁各作一个正方形，则计算皮亚诺曲线的相似维数的正确算式为（　　）

（A）$\dfrac{\ln 9}{\ln(\frac{1}{3})}$　　（B）$\dfrac{\ln 9}{\ln 3}$

（C）$\dfrac{\ln 10}{\ln(\frac{1}{3})}$　　（D）$\dfrac{\ln 10}{\ln 3}$

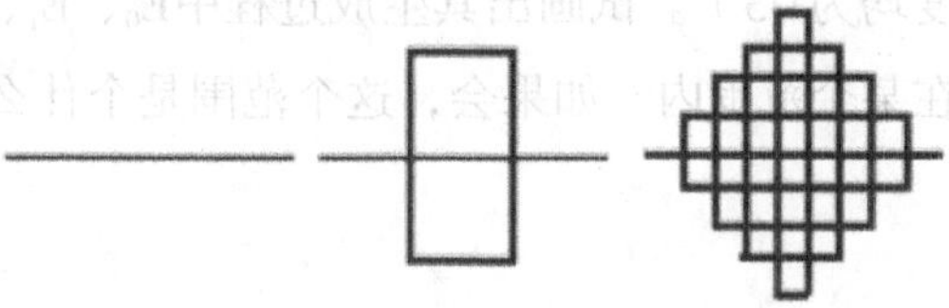

图5

14. 中国汉字的发展经历了象形文字的阶段，若把汉字视为一个平面图形，则其维数 D_H（　　）

（A）可以是0　　（B）$1 \leq D_H < 2$　　（C）$1 < D_H \leq 2$　　（D）$D_H \geq 2$

15. 以下四种说法：（1）"杀鸡用牛刀"是形容测量尺度用得不恰当的民间俗语；（2）分形无特征长度而欧氏几何图形有特征长度；（3）有特征长度的形体改变测量单位的大小时测得的结果不变；（4）圆的特征长度是它的圆周长。以上四种说法正确的有（　　）

（A）1种　　（B）2种　　（C）3种　　（D）4种

16. 下面四个选项中体现了人的思维具有相似性的是（　　）

（A）见微知著　　　　（B）设身处地

（C）随机抽样　　　　（D）《红楼梦》中的贾府是整个封建社会的缩影

17. 上面四个选项中体现了分形原理的选项有（　　）

（A）1个　　　（B）2个　　　（C）3个　　　（D）4个

（三）解答题（每小题10分，计50分）

18. 试述豪斯多夫维数的基本思想。为什么用长度单位去测量海岸线结果为无穷大？

19. 我们学过的分形构作方法有两种："挖"或"补"。回顾学过的一些分形构作过程，探索"挖"或"补"的方法对生成的分形的维数变化的影响，你发现的结论是什么？

20. 一种分形的初始元为单位正方形，分形元为"⌐⌐⌐"（5条小线段的长度均为1/3）。试画出其生成过程中E_0、E_1、E_2三步图形。生成的分形是否会局限在某个范围内？如果会，这个范围是个什么图形？可求出其面积值吗？

21. 图6分形树的构作过程中，若初始元（1）改为共面且一端共点的三条两两夹角相等的单位长线段，生成元不变，试作出其构作过程中的E_0、E_1、E_2的三步图形，对这种新类型分形树，你能提出哪些问题？（要求对提出的问题附答案）若要你设计新类型的分形树，你会从哪些方面去考虑？

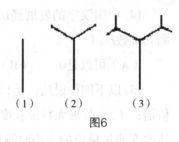

（1）　　（2）　　　（3）

图6

22. 某种曲线的构成中有如下记号：

a：按逆时针方向转一角度$\frac{\pi}{2}$；

b：按顺时针方向转一角度 $\frac{\pi}{2}$；

c：从当前点沿当前方向画一线段。

c 在下一次迭代中将被c\$="cacbcbcbcacacacbc"替换，设初始字符为E(0)\$="c"，

（1）写出E(1)\$。

（2）设定向右方向为初始方向，画线长度为1cm，画出E(1)\$的图形，并在每条1cm长的线段旁标示其对应的字符串。

附：普通高中实验课程"分形几何初步"测试题评分标准

（一）1. 自然界和社会系统中不规则的图形和现象。　　　　2分

　　　美籍法国数学家芒德勃罗。（仅答芒德勃罗也可给满分）　2分

2. 分形的维数是分数。　　　　2分

　　自相似原理。　　　　2分

3. 皮亚诺曲线。　　　　2分

4. 英国的海岸线有多长（或海岸线的长度问题）。　　　　2分

5. 3　　　　2分

6. 0　　　　2分

7. $(\frac{4}{3})^n$　　　　2分

　　$(\frac{1}{3})^{2n}$　　　　2分

（二）8~12. DDCDB　　13~17. BBCBD

（三）18. 在测量几何对象时，要用与它维数一致的测量单位。当测量单位的维数小于它的维数时，结果为无穷大，说明这样的单位"太细"；当测量单位的维数大于它的维数时，结果为0，说明这样的单位"太粗"，在这"太细"和"太粗"之间有一个临界值，这个临界值就是它的豪斯多夫维数。由于长度单位是1维的线段，而海岸线的维数大于1维，用长度单位测量海岸线"太细"，所以结果为无穷大。（两个问题各5分）

19.（1）康托尔三分集、谢尔宾斯基垫片等分形都是"挖"成的，它们的维

数都比初始元更小，科赫曲线、皮亚诺曲线等分形都是"补"成的，它们的维数都比初始元更大，所以在分形的生成中，"挖"使维数降低而"补"使维数升高。

（2）康托尔三分集和科赫雪花曲线都以单位长线段为初始元，前者是"挖"成的，其维数比初始元小；后者是"补"成的，其维数比初始元大，所以在分形的生成中，"挖"使维数降低而"补"使维数升高。（以上两种解答任选一种均给满分）

20. 观察与分析图7作出的E_2，生成的分形应可局限于图中虚线正方形内，其边长为$\sqrt{2}$，面积为2。（画出图形正确5分，找出范围求出值5分）。

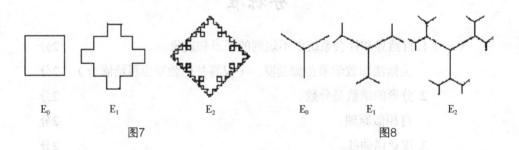

图7　　　　　　　　　　　　　　　图8

21. 图形如图8所示，设n为设施的次数，

（1）求新树枝的数量。（3×2^n）

（2）求全部树枝的数量。（$3 \times (2^{n+1} - 1)$）

（3）求新树枝的长度。（$\dfrac{1}{2^n}$）

（4）求全部树枝的长度。（$3(n+1)$）

可从增减树干数量，改变新树枝的夹角和长度设计出新类型分形树。

（画出图形正确3分，提出两个以上问题并给出正确答案5分，提出一个以上设计新型树方案2分）

22. （1）E(1)\$=" cacbcbcbcacacacbc"。

（2）图形与标示的字符见《分形几何初步教学建议》图5。

（写出E(1)\$　4分，画出图形3分，正确标示字符串3分）

二、"分形几何初步"课程实验调查问卷

A 卷

说明：本卷由学生填写。所得资料用于课程实验研究，对学生本人没有任何影响，并绝对保密，请您按要求实事求是地填写。

答卷人所在学校：_____ 性别：_____

（请按各题要求在相应题号上画"√"）

1. 您认为有必要开设这门课程吗

（1）有必要 （2）没必要 （3）不知道

2. 您认为有必要开设这门课的原因是（请在1.1中选（1）的同学填写）

（1）感到这门课很新鲜 （2）内容富有挑战性 （3）学校安排了这门课

3. 您认为没必要开设这门课的原因是（请在1.1中选（2）的同学填写）

（1）它不是高考考试的内容 （2）内容难度太大

4. 您认为自己对这门课程学习的态度是

（1）积极参与 （2）一般 （3）比较消极

5. 您认为自己通过这门课程的学习（允许选多项）

（1）提高了对几何学习的兴趣 （2）提出问题方面得到了训练

（3）感到计算机作图真棒 （4）能动手画分形或制分形模型

（5）掌握了课本的内容 （6）拓广了自己的知识面

6. 您认为课本内容与生活的联系

（1）比较紧密 （2）没有联系

7. 您认为习题的难度

（1）很大 （2）有难度但不很大 （3）较小

8. 您认为这门课对您的学习

（1）增加了很大的负担 （2）增加了一点负担 （3）没有增加负担

B 卷

说明：本卷请实验教师填写。所得资料作为课程实验研究的依据，因此请您认真填写。资料绝对保密，对个人没有任何影响。

（请按各题要求在相应题号上画"√"）

1. 您认为有必要开设这门课吗

（1）有必要　　（2）没有必要　　（3）拿不准

2. 您认为有必要开设这门课是因为（请在1.1中选（1）的教师填写）

（1）给学生带来了学科前沿信息　　（2）内容很有挑战性

（3）可以开拓学生的几何思维

3. 您认为没有必要开设这门课的原因是（请在1.1中选（2）的教师填写）

（1）不属于高考内容　　（2）学生学习这门课感到难度很大

（3）对学生的成长没有多大意义

4. 您认为这门课应以什么形式来开设（请在1.1中选（1）的教师填写）

（1）必修课　　（2）选修课　　（3）校本课程

5. 您认为学生学习这门课程的态度

（1）积极参与　　（2）一般　　（3）比较消极

6. 您认为学生通过这门课的学习（允许选多项）

（1）提高了对几何学习的兴趣　　（2）开拓了知识面

（3）对分形几何学有了初步的了解　　（4）提出问题的能力有提高

（5）类比创新的能力有提高　　（6）动手实践的能力有提高

（7）感受到信息技术在数学可视化方面的作用

7. 学生有上机实践操作的机会吗

（1）在学校有　　（2）在学校没有　　（3）有少部分学生可在家里上机

8. 您感到在课程实施中

（1）有困难　　（2）没有困难　　（3）有困难但可克服

9. 您感到课程实施的困难来自（请在1.1中选（1）的教师填写）

（1）领导不支持　　（2）学生不配合　　（3）自己教学有困难

（4）课时不够用

10. 您认为这门课对学生的学习

（1）增加了很大的负担　（2）增加了一点儿负担　（3）没有增加负担

C　卷

说明：本卷请实验学校校长填写，所得资料用于课程实验研究，对校长本人没有任何影响，资料绝对保密，请您认真填写。

（请按各题要求在相应题号上画"√"）

1.您认为有必要开设这门课吗

（1）有必要　　（2）没有必要　　（3）拿不准

2.您认为有必要开设这门课是因为（请在1.1中选（1）的校长填写）

（1）符合当前课程改革的精神　　（2）可以开拓学生的知识面

（3）可以促使教师业务进修　　（4）为学校营造一种研究的氛围

3.您认为没有必要开设这门课是因为（请在1.1中选（2）的校长填写）

（1）高考不考这个内容　　（2）师资有困难　　（3）增加学校的工作负担

（4）增加学校的经费开支　　（5）家长有意见

4.您认为这门课应以什么形式来开设（请在1.1中选（1）的校长填写）

（1）必修课　　（2）选修课　　（3）校本课程

5.据您观察和了解，在本次课程实验中，实验教师的态度

（1）很积极　　（2）一般　　（3）应付式的

6.据您观察和了解，在本次课程实验中，参与实验学生的态度

（1）积极参与　　（2）一般　　（3）应付式的

三、"分形几何初步"课程实验课堂观察项目表

实验学校： 实验教师：

课时序号	教学内容	授课日期	参学人数	课堂记录									学习效果					
				学习情绪			学习态度			参与程度（回答提问、随堂练习）			回答问题正确程度			随堂练习正确程度		
				高涨	一般	低落	认真	一般	不认真	良好	一般	较差	高	一般	较低	高	一般	较低
1																		
2																		
3																		
4																		
5																		
6																		

四、课程材料评价表

(一)专家评价表

评价人：　　　　　　　　　填表时间：20　年　月　日

评价项目	教 科 书						教学参考资料				
	教学内容				习 题		教学设计		教学建议		
	科学性标准	内容的基础性	内容的难度	内容的份量	难度	份量	设计模式	综合评价	资料翔实程度	综合评价	
等级	符合 / 基本符合 / 不符合	基本符合 / 不符合	太难 / 适当 / 比较简单	偏多 / 适当 / 偏少	太难 / 适当 / 比较简单	偏多 / 适当 / 偏少	新颖 / 比较新颖 / 传统模式	很好 / 一般 / 较差	很好 / 一般 / 较差	很好 / 一般 / 较差	
评价											

注：请在您选择的项目下画"√"

(二)教师评价表

评价人：　　　　　　　　　填表时间：20　年　月　日

评价项目	教 科 书						教学参考资料				
	教学内容				习 题		教学设计		教学建议		
	科学性标准	内容的基础性	内容的难度	内容的份量	难度	份量	设计模式	综合评价	资料翔实程度	综合评价	
等级	符合 / 基本符合 / 不符合	基本符合 / 不符合	太难 / 适当 / 比较简单	偏多 / 适当 / 偏少	太难 / 适当 / 比较简单	偏多 / 适当 / 偏少	新颖 / 比较新颖 / 传统模式	很好 / 一般 / 较差	很好 / 一般 / 较差	很好 / 一般 / 较差	
评价											

注：请在您选择的项目下画"√"

五、学生论文与作业评价统计表

实验学校： 实验教师： 填表时间：20 年 月 日

评价对象	研究小论文						课外作业																		
							第一次						第二次						第三次					
项目	参学人数	完成篇数	参与率	各等次篇数			参学人数	完成人数	参与率	完成情况			参学人数	完成人数	参与率	完成情况			参学人数	完成人数	参与率	完成情况		
				良好	一般	较差				良好	一般	较差				良好	一般	较差				良好	一般	较差
数据或等次																								

注：请在您选择的项目下画"√"

六、访谈提纲

（一）校长访谈提纲

要求做好访谈记录，包括访谈对象、访谈地点、访谈起讫时间、访谈形式（"一问一答"式、书面调查式、笔谈式或其中某些形式的结合）、访谈目的、访谈内容等项目。教师访谈、学生访谈要求相同。

1.对本课程实验的意义的看法。

2.对《分形几何初步》进入高中数学课程的意见。

3.对《分形几何初步》进入高中数学课程的困难估计。

4.本次课程实验的社会反映（主要指家长意见）。

5.对您校本次课程实验情况的分析与评价。

（二）教师访谈提纲

1.对本课程实验的意义的看法。

2.对《分形几何初步》进入高中数学课程的意见。

3.学校行政领导对本次课程实验的态度。

4. 课程实验碰到的主要困难。

5. 本次课程实验的目标达成分析。

6. 您认为课程材料（包括教科书内容与习题、教学设计、教学建议）要作怎样的改进？

7. 您在本次课程实验中的主要收获。

（三）学生访谈提纲

1. 您对这门课程总体感觉如何？

2. 您对学习这门课程是否有信心？

3. 通过这门课程的学习您获得哪些主要收获？

4. 您是否欢迎《分形几何初步》进入高中课程？

5. 您认为教科书要作怎样的改进？

各种座谈会提纲参照上述相应提纲拟订。

分形几何课程实验参考资料

一、真实实验 如实反馈 努力达成实验目标
——实施分形几何课程实验的几点要求

根据国家高中数学课程标准研制组对实验项目的要求，结合本课程实验的具体情况，希各实验校按以下要求实施实验：

1. 制订《××校分形几何课程实验安排表》，表中列出授课班级、学生数、授课教师、授课时间、授课内容等项，盖上学校教务处公章。

2. 参考课题组下发的《教学设计》写好每节课的教案，鼓励撇开《教学设计》另行设计自己的教案。

3. 记录好每节课实际参学人数。

4. 及时写好每节课的教学日记，应包括：（1）内容的进度；（2）内容难度的大小，学生能否接受；（3）学生的理解程度是否与教师的预先设想相一致；（4）例习题的配备是否适宜；（5）学生参与的情况（是否有兴趣，是否认真听课，是否积极回答问题）；（6）教师在授课时碰到什么问题，当时是如何处理的；（7）学生在学习中碰到什么问题，当时教师如何处理；（8）建议，包括对①课程内容与习题；②教学；③学时；④如何使学生主动参与教学活动及参与的形式、过程、评价；⑤使用现代信息技术等的建议。

5. 记录好每节课布置的作业及学生完成作业的情况，要求对教科书上的习题和复习题用多种形式全部处理完。

6. 征求学生的意见，特别注意不同程度学生的反映，按《课程设计》中的学生访谈提纲进行。要求各实验教师要搞个案研究，要跟踪记录好 好、中、差程度的学生各1~2名对实验的反映。

7. 写好对每节课的总结、反思以及对后续课的建议和改进意见。在此基础上填写好《课程设计》中的课程实验课堂观察项目表。

8. 新课授完认真组织复习与测试，测试严格遵守闭卷的规定，考试时间严格控制在60分钟以内。考完后按评分标准认真评卷，认真填写《分形几何初步测试结果分析表》，学生试卷必须保留好。

9. 按《课程设计》中的实验调查问卷（一）组织学生问卷调查，要求学生单独填写不互相交流意见，对问卷结果综合后写出《××校"分形几何课程实验"学生问卷调查综合报告》。学生问卷必须保留好。

二、分形网站与分形软件介绍

1. 分形频道：http://www.fractal.com.cn。

该网站按"分形入门、分形艺术、分形软件、分形学校、分形影院、分形探索、分形人物、分形展厅、分形论著、分形专题、分形实用、分形专家、分形机构、分形音乐、分形外论"等15类详细介绍了有关分形的知识。你可以通过"分形入门"学习分形知识；到"分形学校"去学习一些分形图的程序设计方法；到"分形软件"中下载"朱利亚集与孟德勒泊洛特集1.0"等令你叫绝的优秀分形软件，……

2. 分形艺术：http://www.fractal.net.cn。

3. 分形大师：http://fractal.yeah.net。

到"分形频道"网站可下载一些分形软件。这些软件操作都很简单。其中"朱利亚集 与 孟德勒泊洛特集1.0"具有小巧（只有200kB）、操作简单的特点。进入后，单击左边的▲按钮做出芒德勒罗集。要对某部分放大，只需用鼠标拖出一个选区后，在弹出的对话框中单击"确定"即可。

三、实验教科书程序下载方法

实验教科书所介绍的两则Qbasic程序及Qbasic.exe可到http://download. k12. com. cn下载。进入网页后，在右边的查询栏中按课件名称"科赫曲线"可查询到。

四、"分形几何初步"实验教科书中的三种维数

维数是几何学和空间理论的基本概念。欧氏几何研究的规则图形直线段、圆、正方形等，长度、面积、体积是它们最合适的特征量，但对海岸线这类不规则的分形，维数才能很好地刻画它们的复杂程度，因而维数才是它们最好的量化表征。这就使维数在分形几何中具有举足轻重的作用。

分形几何实验教科书中涉及的维数有三种：

1. 欧氏维数。这是欧氏几何学、日常空间的维数概念。在欧氏几何学中，要确定空间或立体图形一个点的位置，需要3个坐标，空间或立体图形的维数为3，坐标数目与它们的维数相一致。要确定平面一个点的位置，需要2个坐标，平面图形的维数为2，坐标数目与平面的维数相一致。相应地，直线、点的维数分别为1、0，与确定它们的坐标数目相一致。这种以确定空间中一点所需最少坐标数目为定义的维数概念和人们的经验相符，所以也被称为经验维数，用字母d表示。它的值为非负整数。

2. 拓扑维数。这是数学的一个重要分支——拓扑学中的维数概念。拓扑学也称为橡皮几何学，它研究几何图形在一对一的双方连续变换下不变的性质。比如画在橡皮膜上的两条相交曲线，对橡皮膜施以拉伸或挤压等形变而不破裂或折叠时，它们"相交"始终是不变的，几何图形的这种性质称为拓扑性质。拓扑

维数就是几何图形的一种拓扑性质。它的定义可以通俗地表述为：约定空集的维数为–1。对于点，可视其边界为空集，从而点被维数为–1的空集将它与其他点分开，点的拓扑维数为0；对于直线上任意两点，可用零维的点把它们分开，称直线的拓扑维数为1；平面上任意两点，可用1维的封闭曲线把它们分开，称平面的拓扑维数为2；立体图形上的任意两点，可用2维的封闭曲面把它们分开，称立体图形的拓扑维数为3。画在橡皮膜上的三角形，经过拉伸或挤压可以变为一个圆，从拓扑学的观点看，三角形和圆有相同的拓扑维数。对于任何一个海岛的海岸线，经过某些形变总可以变为一个圆，因而海岸线与圆具有相同的拓扑维数 $Dt=1$。可以论证，欧氏几何图形直线、圆、正方体等，其欧氏维数恒与拓扑维数相等。拓扑维数 Dt 的值也为整数。

3. 分形维数。分形是与欧氏几何图形截然不同的另一类图形，它的维数一般是分数，所以分形的维数被称为分数维。由于分形又分为规则分形、不规则分形等许多种类，所以为了测出各类不同分形的维数往往必须使用不同的方法，因而得出多种不同名称的维数。在这些维数中，最重要的是豪斯多夫维数，它不仅适用于分形，也适用于欧氏几何图形。只不过当它用于欧氏几何图形时，值为整数，而用于分形时，值一般为分数。

豪斯多夫维数有严格的数学定义，这种定义建立在豪斯多夫测度基础上，它涉及知识，超越了中学生的接受水平。在本实验教科书中，我们只从测度角度给出了它的基本思想。美国UCSMP教材用归纳的方法较为直观介绍了它的定义，这种方法下的定义以卡拉西奥多里（Caratheodory）构造为基础。北师大数学系钱佩玲教授在《数学通报》1997（10）撰文作了介绍。

根据本教科书主要介绍具有严格自相似的经典分形和学生的认知水平的现状，教材把适用于经典分形的"相似维数"作为介绍的重点，给出了它的计算公式及其推导过程，并且安排了一些例题和练习，建议教学中要帮助学生很好地理解这一概念。

五、"分形几何初步"测试结果分析表（式样）

实验学　　实验班级　　参试人数　　测试时间　200 年 月 日　　授课教师

题号		本题总分	全班总得分	人均得分	满分人数	满分率	0分人数	0分率	综合评价(在选项上画√)			解题分析
一	1	4							好	中	差	
	2	4							好	中	差	
	3	2							好	中	差	
	4	2							好	中	差	
	5	2							好	中	差	
	6	2							好	中	差	
	7	4							好	中	差	
二	8	3							好	中	差	
	9	3							好	中	差	
	10	3							好	中	差	
	11	3							好	中	差	
	12	3							好	中	差	
	13	3							好	中	差	
	14	3							好	中	差	
	15	3							好	中	差	
	16	3							好	中	差	
	17	3							好	中	差	
三	18	10							好	中	差	
	19	10							好	中	差	
	20	10							好	中	差	
	21	10							好	中	差	
	22	10							好	中	差	
全班总得分				人均得分					好	中	差	

测试结果整体分析：

填表人：

（注：请在本表实验学校处盖上教务处公章）　　　200 年 月 日

六、实验报告格式与论文书写建议

按：为有利于本课程实验后一阶段的总结工作，现征得国家高中数学课程标准研制组的同意，从标准研制组的网站撷录两份资料如下：

实验报告格式：

1.实验学校与班级：

2.实验课程：

3.实验目的：

4.实验内容：每节课的内容及其安排等；

5.实验过程：典型的案例、内容的实施情况、师生反映如何；

6.问题及建议：教学过程中所遇到的问题、解决方案及对后续实验的建议等；

7.实验的收获与体会。

论文书写建议：

1.题目不要大、内容不要空泛；

2.案例要有突出的体现；

3.只要把问题说清楚，不做文字上的限定；

4.把新课程内容与教法结合起来；

5.关键是实验课程的体会。不求一致，要有特色；

6.对实验目的达成情况要有说明；

7.论文选取某一问题作为切入点，要有所侧重；

8.不能以论文代替实验报告；

9.鼓励一个内容一个实验报告；

10.论文不是总结，是就某个问题发表自己的见解。

七、完成本课程实验后各实验校应提交的材料

1.本校分形几何课程实验安排表；

2.各课时教案；

3. 教学日记（每课时的总结）；

4. 学生作业情况记录，学生论文与作业评价统计表；

5. 学生访谈记录，3～6名不同程度学生个案；

6. 课程实验课堂观察项目表；

7. 分形几何初步测试结果分析表；

8. 2002年上学期实验班学生期末数学考试成绩表；

9. 本校"分形几何课程实验"学生问卷调查综合报告；

10. 课程材料教师评价表；

11. 本校分形几何课程实验报告；

12. 论文1～3篇。

分形几何——大自然的几何学

——分形几何课程实验教师培训讲课提纲

（一）英国的海岸线有多长

（二）分形几何的创立

1. "病态""数学怪物"的画廊

（1）维尔斯特拉斯函数（德国，1872年）

　　　　——微积分概念严密化的产物

$$f(t) = \sum_{k=0}^{\infty} (\frac{3}{2})^{-k/2} \sin((\frac{3}{2})^k t)$$

（2）科赫曲线（瑞典，1904年）

（3）康托尔三分集（德国，1883年）

（4）谢尔宾斯基地毯（波兰，1915—1916年）

（5）门杰海绵

2. 分形思想的形成

（1）齐普夫词频实验规则研究（1951年）　　$P = F(\rho + v)^{-D}$

（2）棉花价格变化研究（1960年）

（3）计算机通信线路噪声研究（1962年）

噪音分布示意图（图1）

芒德勃罗发现康托尔三分集可以作为描述噪音分布的粗略模型。

（4）海岸线长度研究

英国科学家理查逊海岸线长度经验公式（图2）

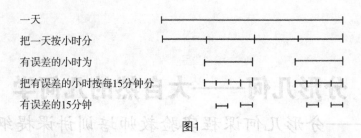

一天

把一天按小时分

有误差的小时为

把有误差的小时按每15分钟分

有误差的15分钟

图1

设 r 为测量海岸线的尺度，$N(r)$ 为量出的步数，

海岸线总长度 $L(r) = N(r) \cdot r$

由于尺度与步数成反比例，经改变 r 的大小反复测量发现：$N(r) = K/r^a$

代入上式，得 $L(r) = Kr^{1-a}$

（K 为常数，a 为量规维数）

科赫曲线长度研究

$$L(r) = (4/3)^n \qquad (1)$$

$$r = (1/3)^n$$

取对数：$\ln r = n \ln(1/3) \qquad (2)$

$$n = -\ln r / \ln 3$$

（2）式代入（1）式：$L(r) = (4/3)^{-\ln r/\ln 3} \qquad (3)$

（3）式两边取对数 $\ln L(r) = (-\ln r/\ln 3)(\ln 4/3)$

$$= (-\ln r/\ln 3)(\ln 4 - \ln 3)$$

$$= (-\ln r \times \ln 4)/\ln 3 + \ln r = \ln r \times (1 - \ln 4/\ln 3)$$

令 $\ln 4/\ln 3 = a$，上式为 $\ln L(r) = (1-a)\ln r = \ln r^{1-a}$

因此 $L(r) = r^{1-a}$

科赫曲线长度公式与理查逊海岸线长度经验公式几乎一致。芒德勃罗把科赫曲线当成海岸线的数学模型。

3. 分形几何的创立

（1）芒德勃罗在美国《科学》杂志上发表论文《英国的海岸线有多长》震惊学术界（1967年）。

（2）法兰西学院 讲演（1973年）。

（3）"病态""数学怪物"命名——分形（Fractal）（1975年）。

（4）法文版《分形对象：形、机遇和维数》出版（1975年）。

（5）英文版《分形：形、机遇和维数》出版（1977年）。

（6）英文版《大自然的几何学》出版（1982年）。

（三）分形的定义和性质

1.芒德勃罗给出的两种定义（1977年、1982年）。

2.英国数学家法尔科内给出的定义（1990年）。

分形是具有如下性质的集合F：

（1）F具有精细的结构，即在任意X的尺度之下，它总有复杂的细节；

（2）F是不规则的，它的整体与局部都不能用传统的几何语言来描述；

（3）F通常具有某种自相似性，这种自相似可以是近似的或者统计意义下的；

（4）F的某种定义下的分形维数通常大于其拓扑维数；

（5）F常常是以非常简单的方法确定，可能由迭代过程产生。

3.感受分形

（1）分形的标志 芒德勃罗集（简称M集）

（2）指指堂的画

（3）神奇的铜球串

（4）蕨类植物

史威伏特（Swift）分形诗：

这样，博物学家们观察到一个跳蚤

有吃它的小跳蚤

而这些小跳蚤又有咬它们的更小的跳蚤

如此下去没完没了

理查逊（Richadson）模仿的分形诗：

大涡旋有

减弱它的速度的小涡旋

小涡旋又有更小的涡旋

如此下去直到流体成为粘连（在分子意义下）

分形字

制作分形模型

（四）分形的量化——分数维

1. 欧氏几何的长度、面积、体积等测度对分形刻画无效

2. 维数观念的历史回顾

（1）传统的欧氏维数

（2）传统维数观念的危机（1890年）

（3）维数研究的重要成果——拓扑维数

（4）豪斯多夫连续空间理论和分数维数（1914年）

3. 分数维数的合理性

（1）直观几何的启示

（2）豪斯多夫维数的基本思想

（3）对单位直线段n等分，每段长为r，有$n \times r^1 = 1$

对单位正方形n等分，小正方形边长为r，有$n \times r^2 = 1$

对单位正方体n等分，小正方体边长为r，有$n \times r^3 = 1$

三个等式中r的幂次实际上是该几何体能得到定常度量的空间维数，

一般地 $n \times r^{ds} = 1$

$$ds = -\ln n / \ln r$$

ds 称为相似维数

4. 分数维的计算

（1）对科赫曲线：$n = 4^n$，每段长 $(1/3)^n$

$$ds = -\ln 4^n / \ln (1/3)^n = \ln 4 / \ln 3 \approx 1.2618$$

（2）对谢尔宾斯基垫片：$n = 3^n$，每边长 $(1/2)^n$

$$ds = -\ln 3^n / \ln (1/2)^n = \ln 3 / \ln 2 \approx 1.5850$$

（3）对康托尔三分集：$n = 2^n$，每段长 $(1/3)^n$

$$ds = -\ln 2^n / \ln (1/3)^n = \ln 2 / \ln 3 \approx 0.6309$$

（4）对门杰海绵：$n = 20^n$，小正方体每边长 $(1/3)^n$

$$ds = -\ln 20^n / \ln (1/3)^n = \ln 20 / \ln 3 \approx 2.7268$$

（五）分形的计算机生成

1. L系统：字符串替换算法

（1）字符串替换算法的主要思想

规定一种法则，可由初始字符不断产生新的字符串；对每一字符赋予一定的几何意义，则可产生某种几何图形。

（2）字符串替换算法作科赫曲线演示

2. 迭代函数系统（IFS）

（1）迭代函数系统的基本思想

几何图形的全貌与局部，在仿射变换下，具有自相似结构。

（2）迭代函数系统的主要类型——混沌游戏

3. 分形艺术精品

图片1 朱利亚集 图片2 徐悲鸿作品：马 图片3 圣光

4. 用几何画版作分形图

例：用几何画版画分形树。

本书[附1]增订版分形几何初步实验教科书片段 "分形的计算机生成"。

（六）分形的应用

1. 分形艺术应用

分形模拟自然景象 图片1 分形山 图片2 花 图片3 分形风景

2. 分形图象压缩

（1）分形图像压缩简介。

（2）分形图像压缩的意义。

3. 分形在股票市场的应用

4. 分形在地震预报中的应用

5. 分形生长及其应用

（1）癌症增殖模型——艾登模型。

（2）DLA模型。

（3）渗流模型。

（七）分形几何的价值与研究

1.分形几何的基本思想

（1）客观事物具有自相似的层次结构，局部与整体在形态、功能、信息、时间、空间等方面具有统计意义的相似性。

（2）分数维是刻画分形的特征量。

2.分形几何与欧氏几何的比较（见本书《对分形几何初步进入普通高中数学课程的思考》表1）

3.分形在科学上的意义

4.分形在哲学上的意义

5.分形研究概况：（1）国际概况；（2）国内概况；（3）分形的争论。

（八）分形之父——芒德勃罗简介

1.生平简介。

2.博学、执着的科学探险者。

3.成功者荣誉的光环。

4.略有争议的人物。

（本《分形几何课程实验教师培训讲课提纲（附光盘）》于2003年4月29日（后因"非典"讲课时间推迟到6月22日）在浙江省宁波教育学院科学技术学院对宁波市中学数学骨干教师培训班学员讲课时采用）

"分形几何初步"进入高中数学课程实验研究

——实验校实施回眸

"分形几何初步"进入高中数学课程实验研究课题组

一、闯入高中数学课程改革的前沿领域

——《分形几何初步进入普通高中数学课程的可行性实验研究》课题简介

舒昌勇老师（左1）在大会发言

2001年10月，世人瞩目的上海APEC会议刚落下帷幕，中国教育学会中学数学教学专业委员会第10届年会在沪召开，江西代表上犹县教师进修学校教师舒昌勇的论文《对分形几何初步进入普通高中数学课程的思考》引起与会课程专家的极大关注，在代表人数最多的课程组分组交流会上被会议召集人点名首先交流，并列为全国八位发言代表之一安排作15分钟的大会发言，论文荣获全国第四次数学教育优秀论文评比一等奖。会议期间，著名数学教育家，数学课程专家张孝达、丁尔升、孙瑞清等先生指示开展实验，进行实证研究，获得第一手资料，为我国当前正在进行的数学课程改革和国家高中数学课程标准研制工作提供参考。

会后舒昌勇等老师即着手编撰"分形几何初步"实验教材。经过一个多月的奋战，12月初已拿出实验教材一稿，在新余市举行的江西省中学数学教学专业委员会2001年年会上交流，省中数理事会领导高度评价并宣传此项研究。江西乐平中学、江西师大附中、吉安敦厚中学与会代表敏锐地觉察出这项研究的价值，与舒老师联系索要教材。2002年3月上旬，组建了由5个地市5所高中参与的"分形几何初步进入普通高中数学课程的可行性实验研究"课题组，向江西省中小学教育教学课题研究与实验基地工作领导小组办公室申报了"分形几何初步进入普通高中数学课程的可行性实验研究"课题，于4月上旬被批准立项，课题办〔2002〕9号文下达了立项通知。与此同时，经修订的"分形几何初步"实验教材二稿寄往北京"国家高中数学课程标准研制组"，标准研制组负责人、首都师范大学博士生导师王尚志教授指示要根据课程设计，对教材进一步完善，配备一定数量的例题与习题，使之更具备教材的形态，以便实验操作。根据王教授的指示，舒老师等又投入了紧张的完善设计课程和修改教材工作，将一些新的课程理念融入其中，并撰写出"教学设计"（分课时教案）和"教学建议"（教学参考资料），对习题给出提示或解答，命制了作为实验效果检测评价的重要工具——分形几何初步测试题，给出了配套评分标准，并在"课程设计"中以附件形式给出"课程实验课堂观察项目表"等另外十种课程评价资料。这一整套课程材料寄到国家高中数学课程标准研制组后，王尚志教授寄来了"国家高中数学课程标准实验立项表"，将该实验立项为国家高中数学课程标准实验项目，并指示认真开展好实验，取得可靠的数据资料。5月下旬，课题实验校已扩大为全省七个地市的8所高中，其中重点高中5所，普通高中3所，实验班16个，参与实验学生1018人，实验教师20人，其中中学高级教师6人，中学一级教师8人。实验得到江西省教研室、课题办领导和数学教研员、赣州等一些地市教研室数学教研员的支持与指导。为更好地开展与组织实验，各实验校授课教师进入了深入钻研教材及配套课程材料阶段，课题组也于5月下旬开始筹备在江西师大学术交流中心举行"分形几何课程实验研讨会"，在江西师大附中朱涤非等老师的多方努力下，目前筹备工作已基本就绪，会议将于6月9日如期举行。

分形几何课程实验学校信息一览表

样本校	类别	所属地市	实验班	学生数（人）	授课教师	实验负责人	学校领导
江西省修水县第一中学	省重点高中	九江	高一(2)班	75	梁长元	胡勇健	占幸儒
			高一(3)班	78	杜品生		
			高一(4)班	70	朱建军		
江西师范大学附属中学	省重点高中	南昌	高一(2)班	56	柯莹	朱涤非	曹军
			高一(3)班	59			
江西省乐平中学	省重点高中	景德镇	高一(6)班	62	徐长河	骆魁敏	姚东
			高一(7)班	64	徐胜		
上饶市第二中学	省重点高中	上饶	高一(8)班	62	刘烈庆	刘烈庆	陈玉清
南昌市第十五中学	普通高中	南昌	高一(1)班	72	万国荣	万国荣	胡家斌
			高一(2)班	72			
吉安县敦厚中学	普通高中	吉安	高一(7)班	56	肖圣明	肖圣明	曾宪峰
			高一(8)班	52			
江西省宜丰县第二中学	普通高中	宜春	高一(6)班	64	王纪龙龚浩生	简爱平	简爱平
			高一(7)班	62			
江西省上犹中学	省重点高中	赣州	高一(4)班	58	方百胜	赖登金	陈大明
			高一(5)班	56	钟建明徐小林		

实验简讯

●5月中、下旬，实验各项准备工作有条不紊地进行，教材和配套教学与评价资料在修水一中、乐平中学、上饶二中、南昌十五中印制，并寄送到有关实验学校。

●6月4日，课题组发出在南昌召开"分形几何课程实验研讨会"的通知。6月5日，省课题办负责人指示要认真开好这次研讨会，为实验的顺利开展打下坚实的基础。

分形几何课程实验课题组　编印日期　2002年6月5日

二、"分形几何课程实验研讨会"纪要

2002年6月9日，江西省"分形几何初步进入普通高中数学课程的可行性实验研究"课题组在南昌大学学术交流中心举行"分形几何课程实验"研讨会。参与实验研究的全省七个地市8所学校——江西师大附中，修水一中，上饶二中，南昌十五中、吉安敦厚中学，宜丰二中、上犹中学、上犹县教师进修学校的11名代表出席了会议，就分形几何课程实验有关问题进行了研讨。

本次研讨会的主要议程：①"分形几何初步"实验教材及教学资料的学习与研究；②实验数据资料的收集与整理有关问题；③实验有关工作研究与安排。研讨会首先由课题组负责人舒昌勇老师就本次课程实验的意义进行了深入的阐述；对《分形几何初步》课程实验的目标、教材的编写、配套教学资料的建设、课程的评价等方面作了详细的说明，对实验工作做了具体的布署；接着由参与教材编写的课题组成员徐小林老师对实验教材及配套教学资料中的计算机程序设计作了解释，并在江西师大附中对"科赫曲线的生成"在计算机上进行了演示，以排除实验课堂教学中的操作困难。研讨会的另一项主要内容是与会代表对"分形几何初步"实验教科书及配套教学资料学习心得的交流。代表们围绕实验教科书的内容选择、编写体例、习题设置等方面进了充分的研讨，为课程设计和实验教材的进一步修改完善提出了建设性的意见。与会代表都感到收益良多，对达成实验目标充满了信心。

本次研讨会得到省课题办负责人的关心和指示，并承江西师范大学附属中学给予很大的支持，课题组成员，该校教师朱涤非、柯莹等为研讨会的召开付出了多方面辛勤的努力和劳动，课题组全体成员向以上单位、领导和老师表示诚挚的谢意。（课题组）

☆实验参考☆

分形网站介绍

1. 分形频道：http://www.fractal.com.cn.

该网站按"分形入门、分形艺术、分形软件、分形学校、分形影院、分形探索、分形人物、分形展厅、分形论著、分形专题、分形实用、分形专家、分形机构、分形音乐、分形外论"等15类详细介绍了有关分形的知识。你可以通过"分形入门"学习分形知识；到"分形学校"去学习一些分形图的程序设计方法；到"分形软件"中下载"朱利亚集与孟德勒泊洛特集1.0"等令你叫绝的优秀分形软件，……

2. 分形艺术：http://www.fractal.net.cn.

3. 分形大师：http://fractal.yeah.net.

分形软件介绍

到"分形频道"网站可下载一些分形软件。这些软件操作都很简单。其中"朱利亚集 与 孟德勒泊洛特集1.0"具有小巧（只有200kB）、操作简单的特点。进入后，单击左边的▲按钮作出芒德勒罗集。要对某部分放大，只需用鼠标拖出一个选区后，在弹出的对话框中单击"确定"即可。

实验教科书程序下载方法

教材所介绍的两则Qbasic程序及Qbasic.exe可到http://download.k12.com.cn下载。进入网页后，在右边的查询栏中按课件名称"科赫曲线"可查询到。（徐小林撰稿）

☆实验参考☆

"分形几何初步"实验教科书中的三种维数

维数是几何学和空间理论的基本概念。欧氏几何研究的规则图形直线段、圆、正方形等，长度、面积、体积是它们最合适的特征量，但对海岸线这类不规则的分形，维数才能很好地刻画它们的复杂程度，因而维数才是它们最好的量化表征。这就使维数在分形几何中具有举足轻重的作用。

分形几何实验教科书中涉及的维数有三种：

1. 欧氏维数。这是欧氏几何学、日常空间的维数概念。在欧氏几何学中，要确定空间或立体图形一个点的位置，需要3个坐标，空间或立体图形的维数为3，坐标数目与它们的维数相一致。要确定平面一个点的位置，需要2个坐标，平面图形的维数为2，坐标数目与平面的维数相一致。相应地，直线、点的维数分别为1、0，与确定它们的坐标数目相一致。这种以确定空间中一点所需最少坐标数目为定义的维数概念和人们的经验相符，所以也被称为经验维数，用字母d表示。它的值为非负整数。

2. 拓扑维数。这是数学的一个重要分支——拓扑学中的维数概念。拓扑学也称为橡皮几何学，它研究几何图形在一对一的双方连续变换下不变的性质。比如画在橡皮膜上的两条相交曲线，对橡皮膜施以拉伸或挤压等形变而不破裂或折叠时，它们"相交"始终是不变的，几何图形的这种性质称为拓扑性质。拓扑维数就是几何图形的一种拓扑性质。它的定义可以通俗地表述为：约定空集的维数为–1。对于点，可视其边界为空集，从而点被维数为–1的空集将它与其他点分开，点的拓扑维数为0；对于直线上任意两点，可用零维的点把它们分开，称直线的拓扑维数为1；平面上任意两点，可用1维的封闭曲线把它们分开，称平面的拓扑维数为2；立体图形上的任意两点，可用2维的封闭曲面把它们分开，称立体图形的拓扑维数为3。画在橡皮膜上的三角形，经过拉伸或挤压可以变为一个圆，从拓扑学的观点看，三角形和圆有相同的拓扑维数。对于任何一个海岛的海岸线，经过某些形变总可以变为一个圆，因而海岸线与圆具有相同的拓扑维数 $D_t=1$。可以论证，欧氏几何图形直线、圆、正方体等，其欧氏维数恒与拓扑维数相等。拓扑维数 D_t 的值也为整数。

3. 分形维数。分形是与欧氏几何图形截然不同的另一类图形，它的维数一般是分数，所以分形的维数被称为分数维。由于分形又分为规则分形、不规则分形等许多种类，所以为了测出各类不同分形的维数往往必须使用不同的方法，因而得出多种不同名称的维数。在这些维数中，最重要的是豪斯多夫维数，它不仅适用于分形，也适用于欧氏几何图形。只不过当它用于欧氏几何图形时，值为整数，而用于分形时，值一般为分数。

豪斯多夫维数有严格的数学定义，这种定义建立在豪斯多夫测度的基础上，它涉及的知识，超越了中学生的接受水平。在本实验教科书中，我们只从测度的角度给出了它的基本思想。美国UCSMP教材用归纳的方法较为直观地介绍了它的定义，这种方法下的定义以卡拉西奥多里（Caratheodory）构造为基础。北师大数学系钱佩玲教授在《数学通报》1997（10）撰文作了介绍。建议学生接受水平较高的实验校可补充给出这种形式的定义。（舒昌勇撰稿）

分形几何课程实验课题组　编印日期　2002年6月12日

三、真实实验 如实反馈 努力达成实验目标
——实施分形几何课程实验的几点要求

根据国家高中数学课程标准研制组对实验项目的要求，结合本课程实验的具体情况，希各实验校按以下要求实施实验：

制订《××校分形几何课程实验安排表》，表中列出授课班级、学生数、授课教师、授课时间、授课内容等项，盖上学校教务处公章。

参考课题组下发的《教学设计》写好每节课的教案，鼓励撇开《教学设计》另行设计自己的教案。

记录好每节课实际参学人数。

及时写好每节课的教学日记，应包括：（1）内容的进度；（2）内容难度的大小，学生能否接受；（3）学生的理解程度是否与教师的预先设想相一致；（4）例习题的配备是否适宜；（5）学生参与的情况（是否有兴趣，是否认真听课，是否积极回答问题）；（6）教师在授课时碰到什么问题，当时是如何处理的；（7）学生在学习中碰到什么问题，当时教师如何处理；（8）建议，包括对①课程内容与习题；②教学；③学时；④如何使学生主动参与教学活动及参与的形式、过程、评价；⑤使用现代信息技术等的建议。

记录好每节课布置的作业及学生完成作业的情况，要求对教科书上的习题和复习题用多种形式全部处理完。

征求学生的意见，特别注意不同程度学生的反映，按《课程设计》中的学生访谈提纲进行。要求各实验教师要搞个案研究，要跟踪记录好 好、中、差程度的学生各1~2名对实验的反映。

写好对每节课的总结、反思以及对后续课的建议和改进意见。在此基础上填写好《课程设计》中的课程实验课堂观察项目表。

新课授完认真组织复习与测试，测试严格遵守闭卷的规定，考试时间严格控制在60分钟以内。考完后按评分标准认真评卷，认真填写《分形几何初步测试结果分析表》，学生试卷必须保留好。

按《课程设计》中的实验调查问卷（一）组织学生问卷调查，要求学生单独填写，不互相交流意见，对问卷结果综合后写出《××校"分形几何课程实验"学生问卷调查综合报告》。学生问卷必须保留好。

江西省《分形几何初步进入普通高中数学课程的可行性实验研究》课题组

编者按：为有利于本课程实验后一阶段的总结工作，现征得国家高中数学课程标准研制组的同意，从标准研制组的网站撷录两份资料如下：

实验报告格式

实验学校与班级：　实验课程：　实验目的：　实验内容：每节课的内容及其安排等；实验过程：典型的案例、内容的实施情况、师生反映如何；问题及建议：教学过程中所遇到的问题、解决方案及对后续实验的建议等；实验的收获与体会。

论文书写建议

（1）题目不要大、内容不要空泛；（2）案例要有突出的体现；（3）只要把问题说清楚，不做文字上的限定；（4）把新课程内容与教法结合起来；（5）关键是实验课程的体会。不求一致，要有特色；（6）对实验目的达成情况要有说明；（7）论文选取某一问题作为切入点，要有所侧重；（8）不能以论文代替实验报告；（9）鼓励一个内容一个实验报告；（10）论文不是总结，是就某个问题发表自己的见解。

"分形几何初步"测试结果分析表（式样）

实验学校　　　实验班级　　　参试人数　　　测试时间200 年 月 日　　　授课教师

题号		本题总分	全班总得分	人均得分	满分人数	满分率	0分人数	0分率	综合评价（在选项上画√）			解题分析
一	1	4							好	中	差	
	2	4							好	中	差	
	3	2							好	中	差	
	4	2							好	中	差	
	5	2							好	中	差	
	6	2							好	中	差	
	7	4							好	中	差	
二	8	3							好	中	差	
	9	3							好	中	差	
	10	3							好	中	差	
	11	3							好	中	差	
	12	3							好	中	差	
	13	3							好	中	差	
	14	3							好	中	差	
	15	3							好	中	差	
	16	3							好	中	差	
	17	3							好	中	差	
三	18	10							好	中	差	
	19	10							好	中	差	
	20	10							好	中	差	
	21	10							好	中	差	
	22	10							好	中	差	
全班总得分				人均得分					好	中	差	

测试结果整体分析：

填表人：

（注：请在本表实验学校处盖上教务处公章）　　200 年 月 日

完成本课程实验后各实验校应提交的材料

（1）本校分形几何课程实验安排表；（2）各课时教案；（3）教学日记（每课时的总结）；（4）学生作业情况记录，学生论文与作业评价统计表；（5）学生访谈记录；3~6名不同程度学生个案；（6）课程实验课堂观察项目表；（7）分形几何初步测试结果分析表；（8）2002年上学期实验班学生期末数学考试成绩表；（9）本校"分形几何课程实验"学生问卷调查综合报告；（10）课程材料教师评价表；（11）本校"分形几何课程实验"报告；（12）论文1~3篇。

$\qquad$ "分形几何课程实验"课题组　编印日期　2002年6月12日

四、江西上犹中学分形几何初步课程实验报告

（一）实验学校

江西省上犹中学　实验班级与人数：高一（4）班50人。

（二）实验目的

"分形几何初步"进入高中课程的可行性研究。

（三）实验内容

讲授"分形几何初步"实验教科书，组织课程测试与问卷调查等。

（四）实验过程

1. "分形几何初步"教学实录（授课地点：学校多媒体教室）

第一课时　分形——"病态"的"数学怪物"　6月12日　授课教师：徐小林

授课情况：由于课前进行了较充分的准备，精心制作了分形几何教学课件，取得了较好的效果。一开始展出逐渐放大的"芒德勃罗集"，分形动

画就立刻把学生的注意力吸引过来了，学生为之惊叹，感到分形"很有趣"。当学生看到"分形树""蕨类植物""门杰海绵"等分形的构作过程并了解到程序的代码很简短时，又感到分形"很神奇"，分形"就在我们身边"，分形"值得学习"。直观化的教学，使同学们不但清楚地认识了"康托尔三分集""科赫曲线""谢尔宾斯基垫片"等分形图的构造过程，同时也对"初始元""生成元"等概念有了较深刻的理解。

第二课时　英国的海岸线有多长　6月13日　授课教师：钟建明

授课情况：英国的海岸线有多长？学生看到这个题目时，就产生了一种好奇心。这个应该怎样来测量呢？单位应该怎样来确定呢？同学们各抒己见，纷纷进行讨论。讨论后，我让同学们打开课本看本节内容，同学们看到英国的海岸线长度是不确定时，又纷纷发表了自己的看法。随后引导学生进行对科赫雪花曲线的周长与面积的探讨，列出周长面积序列，观察它们的变化趋势。有了前面对海岸线长度的认识，这个问题学生没有产生多大的困难。

第三课时　特征长度与分形的自相似性　6月14日　授课教师：方百胜

授课情况：自然界中的图形，什么是有特征长度的，什么是无特征长度的，带着这一问题，开始了特征长度与分形的自相似性这节课的学习。我问：当用公里作单位来测量一本练习本的厚度，用厘米作单位来测量两地之间的距离，这样的单位合适吗？同学们议论纷纷，我引导学生从中理解"特征长度"，启发学生自己举例来说明特征长度，逐渐概括出有特征长度的事物的本质特征。尽管在这个过程中，大多数学生都是按照书上的说法加上自己的浅显理解，但也说明了学生对这门课程还是很感兴趣的，学习是很投入的。这节课，课堂上的气氛还是比较活跃，学生情绪比较高涨。

第四课时　分数维及其计算　6月24日　授课教师：方百胜

授课情况：在这一节课中，由于在中学数学教材中未出现"分数维"和"维数"这种数学名词，所以学生在理解这节课的内容时显得有点难度，再加上学生还没有接触到立体几何，维数观念还较薄弱，从而使整节课的课堂气氛显得有点沉闷。相似维数的计算公式，部分数学基础较好的学生是能接受的，而且还能运用得较好。由于教材用直观的图形来引出"维数是刻画图形的复杂程度和占据空间规模的指标"的定义，所以学生对这个定义理解得还是比较好的。

第五课时　什么是分形　分形几何的意义和前景　6月25日　授课教师：钟建明

授课情况：在这节课中，主要介绍了分形的定义、分形的分类、分形的理论意义和实用价值等一些内容。这节课的内容与前一节课的内容相比较而言，学生在一定程度上更容易理解。所以在教材后面的练习题中，尽管学生解答得不是特别的全面，但也有一定的深度。之所以不够全面，一是学生投入的时间不是很多，二是班上的学生素质差异较大，三是由于教材中一些未加注释的新名词，以及学生的知识基础（如立体几何课在高一没有开设）所限，但课堂气氛还是比较活跃。

第六课时　字符串替换算法作科赫雪花曲线　6月26日　授课教师：徐小林

授课情况：本节内容由兔子繁殖问题引入，令学生很感兴趣，用字符a、b表示成年兔和幼兔所构作的繁殖图，学生理解得较好，从而在讲解由初始字符或字符串依照某种规则产生新的字符串的方法，学生理解起来不存在多大的困难。可是由字符串按某种约定作出图形，多数学生还是皱起了眉头。当然那些数学基础较好的学生还是画出了课题作业第2题的皮亚诺曲线生成元的图形。今天是26号了，马上要期末考试了，看来，这个因素的影响很不小。

2.分形几何初步测试结果分析表

实验学校：上犹中学 实验班级：高一（4）班 参试人数：50 测试时间：6月26日 填表人：方百胜

题号		本题总分	全班总得分	人均得分	满分人数	满分率	0分人数	0分率	综合评价（在选项上画√）			解题分析
一	1	4	100	4	50	100%	0	0	好√	中	差	
	2	4	196	3.92	49	98%	1	2%	好√	中	差	
	3	2	98	1.96	49	98%	1	2%	好	中√	差	
	4	2	100	2	50	100%	0	0	好	中√	差	
	5	2	88	1.76	44	88%	6	12%	好	中√	差	
	6	2	100	2	50	100%	0	0	好	中√	差	
	7	4	144	2.88	36	72%	14	28%	好√	中	差	
二	8	3	126	2.52	42	84%	8	16%	好√	中	差	
	9	3	138	2.76	46	74%	4	8%	好√	中	差	
	10	3	111	2.22	37	52%	13	26%	好	中√	差	
	11	3	78	1.56	26	82%	24	48%	好	中√	差	
	12	3	123	2.46	41	72%	9	18%	好√	中	差	
	13	3	108	2.16	36	56%	14	28%	好	中√	差	
	14	3	84	1.68	28	74%	22	44%	好	中√	差	
	15	3	111	2.22	37	86%	13	26%	好	中√	差	
	16	3	129	2.58	43	68%	7	14%	好	中√	差	
	17	3	102	2.04	34	20%	16	32%	好	中√	差	

（续表）

题号		本题总分	全班总得分	人均得分	满分人数	满分率	0分人数	0分率	综合评价（在选项上画√）			解题分析
三	18	10	358	7.16	10	20%	3	6%	好√	中	差	
	19	10	409	8.18	10	20%	1	2%	好√	中	差	
	20	10	32	0.64	0	0	40	80%	好	中	差√	
	21	10	159	3.18	0	0	1	2%	好	中	差√	
	22	10	223	4.46	0	0	6	12%	好	中	差√	
全班总得分			3217		人均得分		64.34		好	中√	差	

3.测试结果整体分析

最高分86分，最低分47分，及格率78.0%。

据测试结果可知，学生掌握得较好的内容：分形几何的研究对象；基本思想；著名问题；创立者；处理分形问题的基本原理，并能运用它理解和解决一些问题：比如求部分和整体相似的比例倍数，分析社会科学中的某些相似性现象等；分形维数概念的理解与运用，比如用以解释海岸线长度不确定的原因，尤其是对相似维数的计算（第12题）、对分形构作采用"挖"或"补"的不同方法对维数的影响（第19题）掌握情况良好；会用初始字符和替换规则产生新的字符串。困难较大之处是对一些较复杂的分形构作过程趋势的认识（第20题），并据之提出问题（第21题）和由字符串画出其图形（第22题）。根据以上分析，建议分形几何在高中列为选修课程较适宜。

实验负责人：赖登金　撰稿：方百胜 徐小林 钟建明　编印日期：2002年9月8日

五、江西宜丰二中"分形几何初步"课程实验报告

（一）实验学校

江西省宜丰二中。

（二）实验班级与内容安排表（见下表）

班　级	高一（6）班	高一（7）班
学生数	64人	62人
授课教师	王纪龙	龚浩生
时　间	6月10—15日	

（续表）

班　级	高一（6）班	高一（7）班
授课内容	第1课时：分形——"病态"的"数学怪物" 第2课时：英国的海岸线有多长 　　　　研究性课题：科赫雪花曲线的周长与面积 第3课时：特征长度与分形的自相似性 第4课时：分数维及其计算 第5课时：什么是分形 第6课时：分形几何学的意义和前景	

（三）实验过程

首先，向学生说明了课程实验的目的、意义及实验课的安排，并提出了学习方法建议和要求，然后按实验教材，结合《教学设计》与《教学建议》等材料进行授课。开始，学生有一种新奇感，学生的兴趣浓，参与程度也较高，后阶段因有点难度，加上期末复习考试的压力，学习积极性、兴趣略有下降。

案例1　第1课时，学生认为康托尔三分集不可以是离散的点集。分析：要理解康托尔三分集是离散的点集，需要有极限概念作基础。

案例2　第2课时，学生对科赫雪花曲线所围成的面积序列的探求与理解表现出较大的困难。这个问题具有挑战性，激发了学生的探索欲望。如何帮助学生克服困难，把握曲线的线段数目、长度的变化及形状的变化与面积的增长关系这一条线索，得出如下表结论：

雪花曲线	线段数	线段长	周长	面积
T_1	3	$\frac{1}{3}L$	L	S
T_2	3×4	$\frac{1}{3}\times\frac{1}{3}L$	$\frac{4}{3}L$	$S+3\times\frac{1}{9}S$
T_3	3×4^2	$\frac{1}{9}\times\frac{1}{3}L$	$\left(\frac{4}{3}\right)^2L$	$S+3\times\frac{1}{9}S+3\times4\times\left(\frac{1}{9}\right)^2S$
T_4	3×4^3	$\left(\frac{1}{3}\right)^3\times\frac{1}{3}L$	$\left(\frac{4}{3}\right)^3L$	$S+3\times\frac{1}{9}S+3\times4\times\left(\frac{1}{9}\right)^2S+3\times4^2\times\left(\frac{1}{9}\right)^3S$
最后变形、归纳出面积序列：S，$\left(1+\frac{3}{4}\times\frac{4}{9}\right)S$，$\left(1+\frac{3}{4}\times\frac{4}{9}+\frac{3}{4}\times\frac{4}{9}\times\frac{4}{9}\right)S$，…，$\left\{1+\frac{3}{4}\left[\frac{4}{9}+\left(\frac{4}{9}\right)^2+\cdots+\left(\frac{4}{9}\right)^{n-1}\right]\right\}S$；…				

（四）问题及建议

1. 问题：（1）实验恰处于期末总复习的紧张阶段，师生都不敢花费应有的时间去学习、复习、巩固、练习。高中部暑假并入宜丰中学，效果测试一项成为空白。（2）因分形几何是现代数学的一个新分支，就我接触的我县高中数学教师来说，几乎还无人知道有分形几何这门课，更谈不上了解。新课程的教学，教师存在一定的困难，这就使加强教师培训成为课程实施的关键环节。（3）学生感觉这门课程较难，与教材编写有关，许多陌生的相关概念教材没有适当说明，比如"超导现象""非晶态物质""阻化剂""湍流""全息相关规律""全息生物学""拓扑维数""连续空间"等。

2. 建议：（1）教材编写方面：①对陌生名词、尚未学到的新概念、适当加上旁注或括号说明，②《教学建议》能否充实为《教师教学参考书》，补充适当的背景知识，增加对一些疑难问题的阐述及知识、例、习题的编排意图与功能的阐述，帮助授课教师更好地把握教材进行教学。（2）在后续实验中要注意把握适当的时机，最好把这门课作为选修课，让学有余力的学生自愿选修。

（五）实验的收获与体会

1. 认识了一门新的学科。

2. 学会了一些课题研究的方法与步骤，为今后的教学研究积累了经验，提高了教研能力。

3. 从所做的问卷调查、学生访谈及课堂教学情况观察来看，实验教学也取得了一定的效果，说明分形几何进入高中课程是可行的。

"分形几何初步"课程实验学生问卷调查综合报告

为期一周的"分形几何初步"的学习，学生对这门课有些什么认识、收获如何？7月1日下午，我们采用《课程设计》中的实验调查问卷（一），对高一（7）班进行了问卷调查，结果综合报告如下：

1. 统计数据（高一（7）班62人，收回问卷62份均有效）

2. 情况说明：我校是一所普通中学，学生从重点中学录取优秀生后的学生中录取的，故生源整体上较差，但高一（7）班是本校高一八个班中的两个好班之一，所以相对来说又是较好的。

3. 结果分析：（1）是否有必要开这门课程？三种答案的人数基本持平，均接近三分之一，持不同看法的原因主要集中在课程内容的难度问题。其实只是少数内容与学生传统的数学观念差异较大，客观地说教材中的练习、习题难度并不大，基本上没有很难的题。（2）从问题3的答题情况来看，大多数学生都选了两项以上，反映学生学习中参与程度较高。（3）对这门课的负担问题，有18%的同学认为负担较重，有24%的同学认为难度较大，这里应有一定的相关性。

"分形几何初步"课程实验学生访谈情况汇总

实验教师找了四位实验班学生，均为男性，年龄16～17岁，学生认为：（1）对课程感到有难度，但很有趣。（2）3人对学好本课程有信心或有些信心，1人表示如果要进入高考就会有信心。（3）学习的主要收获是开阔了知识视野，增强了学习数学的兴趣。（4）是否欢迎该内容进入高中课程，感到有难度但有趣的学生表示欢迎，仅感到有难度的表示不太欢迎。（5）对教科书的改正意见是希望内容不要过于复杂，要和生活密切相关。

"分形几何初步"课程材料教师评价结果

（1）教科书：科学性标准和内容的基础性标准符合或基本符合，难度较大。内容和习题份量适当，习题难度适当。（2）教学参考资料：①教学设计模式比较新颖，综合评价良好。②教学建议资料翔实程度一般，综合评价一般。

"分形几何初步"课程实验学生论文与作业评价情况

（1）两个班学生研究论文空缺。（2）三次作业参与率都在90%以上，三次作业两个班计6班次中做得较好的2班次，一般的3班次，较差的1班次。

"分形几何初步"课程实验课堂观察情况

（1）学习情绪（以下各项均按6课时两个班计12班时计算）高涨：3班时；一般：9班时。（2）学习态度　认真：4班时；一般：8班时。（3）参与程度　良好：4班时；一般：8班时。（4）学习效果、回答问题正确程度　高：8班时；一般：4班时；（5）随堂练习正确程度　高：6班时；一般：6班时。

实验负责人：简爱平　撰稿：龚浩生　编印日期：2002年9月15日

六、南昌市十五中"分形几何初步"课程实验报告

"分形几何初步"课程实验安排表

实验班级与人数：高一（1）班 72人　高一（2）班 72人　　　授课教师：万国荣

授课日期	授课内容	课时
	分形——"病态"的"数学怪物"	1
	英国的海岸线有多长	1
	研究性课题：科赫雪花曲线的周长与面积	1
	特征长度与分形的自相似性	1
6月1—8日	分数维及其计算	2
	什么是分形	1
	研究性课题：字符串替换算法作科赫雪花曲线	1
	分形几何的意义和前景	1

南昌市第十五中学教务处　2002年6月1日

课程实验授课情况报告

（一）学生反应

课堂气氛活跃，学生情绪高涨，参与程度很好。尤其对科赫雪花曲线的周长与面积问题很感兴趣：为什么边界无穷大而面积为定值？对分形维数及其应用兴致很高：树是几维的？通过学习都发现分形与数列联系紧密，体会到欧氏几何知识在分形几何中派上了用场。

（二）对教材编写的建议

1. 与现行教材内容尽可能联系紧密些，天津市今年高三的测试题中就有一个关于科赫雪花曲线的调研题；

2. 分形定义能否早一点儿给出，恐怕对学生理解整个内容有好处；

3. 对特征长度的叙述能否再通俗些？

4. 教材中拓扑学和拓扑维两个名词能否去掉？⑤多配备一些练习。（据分形几何课程实验研讨会发言整理）

课程材料教师评价表

评价对象	教科书																		教学参考资料											
	教学内容												习题						教学设计						教学建议					
	科学性标准			内容的基础性			内容的难度			内容的份量			难度			分量			设计模式			综合评价			资料的翔实程度			综合评价		
等级	符合	基本符合	不符合	符合	基本符合	不符合	太难	适当	比较简单	偏多	适当	偏少	太难	适当	比较简单	偏多	适当	偏少	新颖	比较新颖	传统模式	良好	一般	较差	良好	一般	较差	良好	一般	较差
评价	√			√				√				√		√			√			√		√			√				√	

评价人：万国荣　填表时间：2002年7月1日

测试结果整体分析

（一）学生记忆、理解与掌握程度较好的内容

1. 分形几何的研究对象、创立者、基本思想、处理分形问题的基本原理；

2. 皮亚诺曲线在维数研究中的地位；

3. 海岸线的数学模型；

4. 相似维数的计算；

5. 分数维概念的简单应用；

6. 豪斯多夫维数的基本思想及其应用；

7. 简单分形的构作。

（二）学生掌握较差的内容

1. 较复杂分形生成过程中周长、面积与体积的变化趋势；

2. 较复杂分形生成元概念的理解；

3. 分形原理在社会生活中的应用；

4. 较复杂分形的构作；

5. 字符串替换算法的理解与作图。

"分形几何初步"测试结果分析表

实验学校：南昌十五中 实验班级：高一（1）班 参试人数：70 测试时间：2002年7月2日 填表人：万国荣

题号		本题总分	全班总得分	人均得分	满分人数	满分率	0分人数	0分率	综合评价（在选项上画√）			解题分析
一	1	4	280	4	70	100%	0	0	好√	中	差	
	2	4	280	4	70	100%	0	0	好√	中	差	
	3	2	140	2	70	100%	0	0	好√	中	差	
	4	2	70	1	35	50%	35	50%	好	中√	差	
	5	2	140	2	70	100%	0	0	好√	中	差	
	6	2	140	2	70	100%	0	0	好√	中	差	
	7	4	126	1.8	10	14.3%	40	57.1%	好	中	差√	
二	8	3	150	2.14	50	71.4%	20	28.6%	好√	中	差	
	9	3	210	3	70	100%	0	0	好√	中	差	
	10	3	90	1.28	30	42.8%	40	57.1%	好	中√	差	
	11	3	87	1.24	29	41.2%	41	58.8%	好	中√	差	
	12	3	180	2.57	60	85.7%	10	14.3%	好√	中	差	
	13	3	45	0.64	15	21.4%	55	78.6%	好	中	差√	
	14	3	144	2.06	48	68.6%	22	31.4%	好√	中	差	
	15	3	153	2.19	51	72.8%	19	27.1%	好√	中	差	
	16	3	120	1.714	40	57.1%	30	42.9%	好	中√	差	
	17	3	39	0.56	13	18.6%	57	81.4%	好	中	差√	
三	18	10	490	7	20	28.6%	10	14.3%	好√	中	差	
	19	10	350	5	10	14.3%	11	15.7%	好	中√	差	
	20	10	381	5.44	25	35.7%	3	4.2%	好	中√	差	
	21	10	157	2.24	2	2.8%	38	54.3%	好	中	差√	
	22	10	84	1.2	0	0	47	67.1%	好	中	差√	
全班总得分			3856		人均得分		55.09		好	中√	差	

实验负责人：胡家斌　撰稿：万国荣　编印日期：2002年9月22日

七、吉安敦厚中学"分形几何初步"课程实验报告

（一）实验学校

江西省吉安县敦厚中学　实验班级与人数：高一（7）班56人、高一（8）班

52人。授课教师：肖圣明。

（二）实验目的

"分形几何初步"进入普通高中数学课程的可行性研究。

（三）实验内容

采用普通高级中学"分形几何初步"实验教科书，分六个课时进行教学。

（四）实验过程

因课程不参与选拔性考试，学生学得很轻松、兴趣高涨，参与程度很大，但是课后投入时间少。

第一课时 分形——"病态"的"数学怪物"（6月21日）

教学方法与步骤：（1）介绍学习"分形几何学"的重要意义。（2）学生自行阅读康托尔三分集内容，然后师生共同作康托尔三分集，强调操作过程中的"迭代"。（3）学生自行阅读科赫曲线、谢尔宾斯基垫片和门杰海绵内容，介绍初始元、生成元的概念，讲解门杰海绵的作图。（4）处理例题与小结，布置作业。

教学情况：课堂气氛活跃、兴趣很高，对康托尔三分集、科赫曲线、谢尔宾斯基垫片接受较快，但对门杰海绵构作稍显困难，因学生还未学立体几何，空间想象力不强。习题一中第1至4题学生大部分能解答，但第5题困难较大。

建议：（1）能否找到某种材料构作上述模型，以便在教学过程中向学生展示。（2）习题一5题难度较大，是否删去？（3）从这部分内容可提炼很多数列问题，建议放在高中数列后作为阅读材料。

第二课时 英国的海岸线有多长——研究性课题：科赫雪花曲线的周长与面积（6月22日）

教学步骤与情况：（1）因学生已学过数列，对科赫雪花曲线的周长与面积问题较易于接受、能理解其周长为无穷大、面积为定值的结论。（2）学生还未学过极限，但能够想象出n为无穷大时，有关

点的变化趋势。（3）学生受好奇心的驱使对台湾高考题有一种跃跃欲试的心态，教学中很投入，但构作图形有困难。在寻找与推导周长和面积序列过程中，部分学生困难较大。（4）学生自行阅读英国的海岸线有多长内容。

建议：英国的海岸线有多长与研究性课题次序对换，因解决了雪花曲线长度问题对海岸线长度问题不难接受。

第三课时　特征长度与分形的自相似性、什么是分形（略）　（6月23日）

第四课时、第五课时　分数维及其计算　（7月21日、22日）

教学过程与情况：（1）本节内容较多，安排两课时进行，采取阅读与讲解结合的办法处理，教学中注意了训练学生使用计算器的能力。（2）学习过程中，学生较重视公式推导（如求相似维数DS的公式）与计算问题，对概念性知识重视不够，这与学生平时学习习惯有关。（3）习题学生能处理。

建议：拓扑维数、豪斯多夫维数、皮曲诺曲线等学生较难接受，能否换其他方法处理。

第六课时　兔子增殖问题与分形几何的意义、前景介绍及复习题的处理（7月23日）

教学过程：（1）介绍"兔子增殖问题"，让学生从这个有名的问题中提炼出有名的1，2，3，5，……斐波那契数列。（2）介绍分形几何学的意义和前景。（3）处理复习题1、2、3、4、5、7。

教学情况：（1）兔子繁殖问题较通俗，复习题难度也不大，学生接受不困难。（2）字符串替换算法未讲，原因：①课前让学生阅读，反映较难接受。②时间较紧。③计算机QBASIC语言未学过。

（五）实验的收获与体会

（1）学生初步体会了认识客观事物由原来的欧氏几何方法向分形几何方法的过渡，看到了后一方法与现实世界更接近了一步。（2）激发了学生对科技发展前沿理论的敏感与关注意识，为他们日后上大学提供了更为广阔的选择可能性。（3）丰富了学生对客观事物局部与整体：有限与无限关系的认识。发展了学生的辩证思维。（4）学生进一步了解到数学来源于生活，数学有广泛应用，鼓舞了他们学好数学的信心。（5）分形有丰富的美学内涵，学生充分感受到了分形的美学魅力，提高了审美情趣。

教学中教师体会到：（1）分形蕴藏有很多数列问题，是学习数列的极好材料，把它列入教材，作为数列的有机组成部分，有助于学生对数列的学习。（2）分形几何很有必要进入高中数学课程。

"分形几何初步"测试结果分析表

实验班级：高一（7）班　　　参试人数：41　　　测试时间：2002年7月24日　　　填表人：肖圣明

题号		本题总分	全班总得分	人均得分	满分人数	满分率	0分人数	0分率	综合评价(在选项上画√)			解题分析
									好	中	差	
一	1	4	120	2.9	15	36.6%	1	2.4%	好	中√	差	解题不详
	2	4	0	0	0	0	41	100%	好	中	差√	概念不清
	3	2	24	0.6	12	29.3%	29	70.7%	好	中	差√	理解错误
	4	2	8	0.2	4	9.7%	37	90.2%	好	中	差√	理解错误
	5	2	64	1.7	32	78.0%	9	22.0%	好√	中	差	
	6	2	50	1.2	25	61.0%	16	39.0%	好√	中	差	
	7	4	82	2	0	0	0	0	好√	中	差	
二	8	3	63	1.5	21	51.2%	20	48.8%	好	中√	差	
	9	3	123	3	41	100%	0	0	好√	中	差	
	10	3	87	2.1	29	70.7%	12	29.3%	好√	中	差	
	11	3	102	2.5	34	82.9%	7	17.1%	好√	中	差	
	12	3	96	2.3	32	78.0%	9	22.0%	好√	中	差	
	13	3	96	2.3	32	78.0%	9	22.0%	好√	中	差	
	14	3	99	2.4	33	80.5%	8	19.5%	好√	中	差	
	15	3	54	1.3	18	43.9%	23	56.1%	好	中√	差	理解不全面
	16	3	27	0.7	9	22.0%	32	78.0%	好	中	差√	理解错误
	17	3	36	0.9	12	29.3%	29	70.7%	好	中	差√	概念不清
三	18	10	205	5	0	0	0	0	好	中√	差	叙述不清
	19	10	205	5	0	0	0	0	好	中√	差	叙述不清
	20	10	205	5	0	0	0	0	好	中√	差	面积不会求
	21	10	0	0	0	0	41	100%	好	中	差√	理解困难
	22	10	0	0	0	0	41	100%	好	中	差√	未学此内容
全班总得分			1746		人均得分		42.6		好	中	差√	

测试结果整体分析：由于时间比较紧，上完课后未进行复习，23日结束课程，24日测试，时间为45分钟，另外，字符串替换算法内容未曾讲授，该内容在试卷中占10分，所以本次测试实际满分为90分。

高一（8）班结果分析：总分1712分，人均40.8分。限于篇幅，未附详表。综合两个班结果，最高分70分，最低分31分，及格率21.9%。

"分形几何初步"课程实验学生论文与作业评价结果

研究小论文有18人各完成1篇，完成率18%，等次为良好；布置了3次课外作业，其中二次有82%的学生完成，一次有85%的学生完成，情况较好。

实验负责人：许灿明　撰稿：肖圣明　编印日期：2002年9月29日

八、江西乐平中学"分形几何进入高中课程研究"实验报告

（一）课题研究背景

新一轮基础教育课程改革，突出强调信息技术与课程的整合，使新课程在一个比较高的水准上推进。正在拟订中的新的《高中数学课程标准》（以下简称《标准》）特别强调要帮助学生形成积极主动的学习方式，设立"数学探究""数学建模""数学阅读""数学活动"等专题课程，为学生形成正确、积极主动的、多样的学习方式创造了有利的条件。分形几何是研究不规则图形和现象的新兴数学分支，它给现代科学技术提供了新思想、新方法，已成为当代科学最有影响和感召力的基本概念之一。为了对高中数学课程标准的研制提供参考依据，我们校成立了分形几何课程实验分课题组，对信息技术与分形几何整合的基本原则、探究式教学模式、教学设计等作了初步的探索，并取得实效。

（二）课题研究的主要内容

信息技术与分形几何课程教学理念、教学目标、教学设计、教学内容、教学对象、教学手段与方法、教学模式、学习方式等的整合，初步构建相应的分形几何教学平台。重点是基于现代信息技术与分形几何课程整合的**"高中数学虚拟实验式"**教学模式的构建。

（三）课题研究的具体实施

1. 准备阶段（2002年3—5月）成立"分形几何"课程实验分课题组，在教导处、教研室等部门的协助下，确定实验班级：高一（6）班、高一（7）班，实验教师：骆魁敏、徐胜、徐长河，并制订了实验方案。

2. 实施阶段（2002年6—7月）课题组以《分形几何初步》实验教科书为主要实验材料，对现代信息技术与分形几何课程整合的模式、方法、方式等进行理论论证和实验论证。在授课完毕时组织了分形几何课程测试。

3. 总结阶段（2002年8—9月）课题组对本课题研究工作进行反思、总结与整理，经过讨论后形成研究报告。

（四）课题研究取得的主要成果

1. 确立了现代信息技术与分形几何课程整合的基本原则：（1）信息技术作为学生的基本认知工具；（2）任务驱动式的教学过程；（3）能力培养和分形几何知识学习相结合的教学目标；（4）个别化学习和协作学习的和谐统一。

2. 组建了现代信息技术与分形几何课程整合教学平台系统：高中数学虚拟实验室，其框架为首页、策略库、资料库、题库、积件库、软件库、教案库、课题研究档案。平台系统主要包括：（1）几何画板——21世纪的动态几何；（2）Z+Z智能知识平台；（3）图形计算器等软件。

3. 构建了基于信息技术的高中数学虚拟实验式教学模式：（1）运用"高中数学虚拟实验室"中的软件制作分形图。例如，用《几何画板》生成Koch雪花；利用专门的分形图制作软件，如《分形设计师Fder2.0》作分形图。（2）开设"分形欣赏"课，对学生进行美学教育，普及"数学文化"。

4. 初步验证了分形几何初步进入高中数学课程的可行性

"分形几何初步"测试结果分析表

实验班级：高一（6）、（7）班 参试人数：126 测试时间：2002年8月13日 填表人：徐长河、徐胜

题号		本题总分	全班总得分	人均得分	满分人数	满分率%	0分人数	0分率%	综合评价（在选项上画√）			解题分析
一	1	4	504	4	126	100%	0	0	好√	中	差	
	2	4	504	4	126	100%	0	0	好√	中	差	
	3	2	252	2	126	100%	0	0	好√	中	差	
	4	2	252	2	126	100%	0	0	好√	中	差	
	5	2	246	1.95	123	97.6%	3	2.4%	好√	中	差	
	6	2	242	1.92	121	96.0%	5	4.0%	好√	中	差	
	7	4	400	3.17	79	62.7%	5	4.0%	好	中√	差	
二	8	3	352	2.79	113	89.7%	6	4.8%	好√	中	差	
	9	3	363	2.88	121	96.0%	5	4.0%	好√	中	差	
	10	3	345	2.74	115	91.3%	11	8.7%	好√	中	差	
	11	3	360	2.86	120	95.2%	6	4.8%	好√	中	差	
	12	3	378	3.00	126	100%	0	0	好√	中	差	
	13	3	300	2.38	100	79.4%	26	20.6%	好	中√	差	
	14	3	297	2.36	99	78.6%	27	21.4%	好	中√	差	
	15	3	305	2.42	95	75.4%	25	19.8%	好	中√	差	
	16	3	300	2.38	100	79.4%	26	20.6%	好	中√	差	
	17	3	243	1.93	71	56.3%	40	31.7%	好	中√	差	
三	18	10	820	6.51	5	4.0%	0	0	好	中√	差	
	19	10	693	5.5	6	4.8%	0	0	好	中√	差	
	20	10	504	4	3	2.4%	0	0	好	中	差√	
	21	10	400	3.17	2	1.59%	0	0	好	中	差√	
	22	10	252	2	0	0	0	0	好	中	差√	
全班总得分			8312		人均得分		65.97		好	中√	差	

测试结果整体分析 最高分93分，最低分41分，优秀人数15人，优秀率11.9%，及格人数89人，及格率70.6%。说明分形几何进入普通高中数学课程是可行的。试题整体设计比较好，难易得当，能够反映学生真实水平。实验教材总的来说，编写得很好，学生能够接受，但应注意教材内容与现代信息技术进行全面整合。

[案例] **"分形几何初步"教学日记** 6月13日 （江西省乐平中学 徐长河）

国家《高中数学课程标准》中数学前沿介绍专题的分形内容的难度是较大的，高中学生对它既向往又害怕。如何突破教学难点、消除学生的畏惧心理，激发学生探究分形世界的欲望？课题组成员一致认为，最佳策略就是运用现代信息技术引领学生步入分形几何殿堂！所以这节入门课安排在学校多媒体网络教室上。

教学的第一步：学生在教师指导下通过搜索引擎查询到分形几何网站：**分形频道**；

第二步：布置学生查询并欣赏以下分形图：分形的标志——**芒德勃罗集**；**朱利亚集**；感受分形的美学魅力。

教学反馈：师生感觉良好，学生建立了对分形学习的浓厚兴趣，探究分形几何未知世界的欲望被激发起来，主动参与教学过程。

建议：（1）分形几何初步课程应与现代信息技术进行全面的整合；（2）尽早建立课题组自己的网站，向国内外同仁介绍取得的研究成果；（3）加强各分课题组之间的联系，资源共享。

实验负责人：骆魁敏 撰稿：骆魁敏 徐长河 徐胜 编印日期：2002年10月6日

九、江西上饶二中"分形几何初步"课程实验报告

分形几何是20世纪70年代由美籍数学家芒德勃罗创立的一门数学新分支。在《高中数学课程标准的框架设想》中被列为"数学A"的一个数学前沿介绍专题。参与本实验研究的上饶市二中是省属重点校。本实验旨在为《高中数学课程标准》的研制提供客观依据和背景材料。

（一）实验研究的方法

2002年6月，笔者以自己任教的高一（8）班作为实验班，学生61人。教学课时安排6节课，测试时间为60分钟；实验结束时，发放实验调查问卷（一）60份，回收有效问卷60份；进行学生访谈；个案分析。

1. **江西省上饶市二中"分形几何课程实验"安排表**

课次	授课内容	授课时间	教与学的方法建议
1	导言：分形——"病态"的"数学怪物"	6月2日 14:30—15:15	把本课程的总体安排告诉学生；语言呈示为主；阅读指导；比较（两种几何学的不同）
2	英国的海岸线有多长：特征长度与分形的自相似性	6月2日 15:25—16:10	问题教学；阅读，指导；学生自我叙述；讨论；比较
3	研究性课题：科赫雪花曲线的周长与面积	6月2日 16:20—17:05	示范；自我项目设计；尝试探究；论文写作指导
4	分形维及其计算	6月11日 16:25—17:10	阅读指导；讨论；比较；语言呈示
5	什么是分形；分形几何学的意义和前景	6月11日 17:15—18:00	语言呈示为主；阅读指导
6	研究性课题：字符串替换算法作科赫雪花曲线	6月18日 16:25—17:10	示范；自我设计；探究程序；尝试探究；论文写作指导
7	"分形几何初步"测试	6月18日 17:00—18:00	

2. "分形几何初步"课程实验调查问卷（一）（限于篇幅，具体内容略）。

（二）实验研究结果与分析

1. 分形几何初步测试结果分析表（表1）。

2. 分形几何初步课程实验调查结果分析。

（1）对分形几何课程的认识：学生访谈中，在谈及对这门课程整体感觉如何时，学生认为"非常新奇，与过去所学的传统几何大不相同，富有创新，能运用于实践，能真正使理论与实践相联系"。58%的学生感到这门课很新鲜，62%的学生认为这门课的内容富有挑战性。（2）对分形几何课程的态度：通过学生信息反馈和调查，"分形几何初步"受到学生广泛欢迎，学生认为有必要开设这门课程，积极和比较积极参与这门课程学习的学生占79%，一般的学生占21%。（3）对分形几何初步教科书的评价：79%的学生认为课本内容与生活的联系比较紧密，在学生访谈中，有学生提出："教科书中应多出一些与实际生活相联系的题目，使我们自己能真正体味到这门学科的价值和作用，促使我们更加热爱学习这门课程。"对于教科书中的习题，认为难度很大的占26%，认为有难度但不是很大的占64%，认为难度较小的占10%。（4）学习效果："分形几何初步"

贴近生活、贴近时代和深入浅出地介绍引起了学生的极大兴趣，为学生开拓视野而打开了一扇窗户，学生看到的不是陈规定论，而是一种思想模式、一种求索精神，这无疑对培养他们的创新意识和能力是有好处的。不少学生大有还想多学一点的愿望。通过这门课程的学习，认为提高了对几何学习兴趣的有20%，认为提出问题方面得到了训练的有10%，感到计算机作图真棒的有49%，能动手画分形图或制分形模型的有36%，认为拓广了自己知识面的占75%。认为这门课程对学习增加了很大负担的占7%，认为增加了一点负担的占80%，认为没有增加负担的占13%。对于"分形几何初步"大部分同学整体感觉良好，难易适中，有信心学好。

（三）问题与建议

1. 本课程可以充分发挥现代教育技术的优越性，利用多媒体教学，教学效果会更佳，可以让学生上机实际操作，也可以上机测试。

2. 充分利用课程内容开设"研究性课题"，进行研究性学习，培养学生的创新意识，提高学生的实践能力。

分形几何的兴起和发展是时代的必然。它代表了一种新的思维方式，提供了一套新的有效数学方法，使中学生饶有兴趣地学会用数学的眼光来观察世界，分析周围的事物，找到合适的数学模型，解决一些实际问题。分形几何进入普通高中数学课程为学生提供了"提出问题、探索思考和实践应用"的空间，这些都充分表明了分形几何进入高中课程是可行的。

表1 "分形几何初步"测试结果分析表

实验学校：上饶市二中　实验班级：高一（8）班　参试人数：60人　测试时间：2002年6月18日

题号		本题总分	全班总得分	人均得分	满分人数	满分率	0分人数	0分率	综合评价（在选项上画√）			解题分析
一	1	4	232	3.87	57	95.0%	1	1.67%	好√	中	差	概念清楚、掌握较好
	2	4	198	3.3	45	75.0%	6	10.0%	好√	中	差	少部分同学概念不清
	3	2	104	1.73	52	86.7%	8	13.3%	好√	中	差	少部分同学概念不清
	4	2	114	1.9	57	95.0%	3	5.0%	好√	中	差	概念清楚、掌握较好
	5	2	116	1.93	57	95.0%	2	3.3%	好√	中	差	理解概念、掌握较好
	6	2	98	1.63	50	83.3%	10	16.7%	好√	中	差	少部分同学概念不清
	7	4	220	3.67	55	91.7%	5	8.3%	好√	中	差	概念清楚、计算不准确

（续表）

题号		本题总分	全班总得分	人均得分	满分人数	满分率	0分人数	0分率	综合评价(在选项上画√)			解题分析
二	8	3	180	3	60	100%	0	0.0%	好√	中	差	满分题
	9	3	180	3	60	100%	0	0.0%	好√	中	差	满分题
	10	3	180	3	60	100%	0	0.0%	好√	中	差	满分题
	11	3	174	2.9	58	96.7%	2	3.3%	好√	中	差	理解概念、掌握较好
	12	3	180	3	60	100%	0	0.0%	好√	中	差	满分题
	13	3	171	2.85	57	95.0%	3	5.0%	好√	中	差	少数同学计算不准确
	14	3	171	2.85	57	95.0%	3	5.0%	好√	中	差	个别同学概念不清
	15	3	159	2.65	53	88.3%	7	11.7%	好√	中	差	少部分同学概念不清
	16	3	168	2.8	56	93.3%	4	6.7%	好√	中	差	知识应用还需加强
	17	3	171	2.85	57	95.0%	3	5.0%	好√	中	差	知识应用还需加强
三	18	10	527	8.78	47	78.3%	0	0.0%	好	中√	差	理解概念，答题较好
	19	10	539	8.98	42	70.0%	1	1.67%	好	中√	差	理解概念，答题较好
	20	10	332	5.53	8	13.3%	5	8.3%	好	中	差√	了解概念，画图不规范
	21	10	349	5.82	4	6.7%	10	16.7%	好	中	差√	概念不清，计算不准确
	22	10	373	6.22	4	6.7%	1	1.67%	好	中	差√	概念不清，画图不规范
全班总得分 4934				人均得分 82.23					好√	中	差	概念理解掌握较好，学有兴趣，需加强知识应用，提高实践能力

最高分95分，最低分51分，及格率96.7%。

[案例] 第一课时教案 课题：导言 分形——"病态"的"数学怪物"

（一）素质教育目标

（1）知识教育点；（2）能力训练点；（3）德育渗透点。

（二）教学重点、难点及解决方法

（1）重点：康托尔三分集、科赫曲线、谢尔宾斯基垫片、门杰海绵的理解和构作；初始元和生成元的意义、分辨，用初始元和生成元构作分形。（2）难点：从分形的构作过程图中分辨出初始元和生成元。（3）突出重点、突破难点的方法：（略）。

（三）教学过程（略）

（四）课外作业

（1）课本习题一第4、5题。（2）简答题：①分形几何学的研究对象是什么？创立者是谁？②分形几何学的基本思想是什么？③引起维数观念变革的著名曲线是什么？

实验负责人：陈玉清　撰稿：刘烈庆　编印日期：2002年10月13日

十、江西修水一中"分形几何初步"课程实验报告

"分形几何初步"课程实验报告

班级	高一（2）班	高一（3）班	高一（4）班
学生数	51	54	50
授课教师	杜品生	梁长元	朱建军
授课时间	6月10日—7月22日		
授课内容	第1课时：分形——"病态"的"数学怪物" 第2课时：英国的海岸线有多长 　　　　研究性课题：科赫雪花曲线的周长与面积 第3课时：特征长度与分形的自相似性 第4课时：分数维及其计算 第5课时：什么是分形及分形几何学的意义和前景 第6课时：字符串替换算法作科赫雪花曲线的上机实践		

（一）实验学校与班级

见上。

（二）实验目的

为国家《高中数学课程标准》的研制提供参考依据。

（三）实验内容

见上。

（四）实验过程

首先，将材料发给学生，让学生先行阅读，此后根据课程实验安排表进行授课。开始，学生感到课程新颖，具有较强的挑战性，参与程度较高，但因期末复习考试的压力，学习情绪受到一定的影响。然而，暑期的课没了考试的压力，情况有所好转，学生的情绪又高涨起来。

（五）实验中发现的问题

（1）要妥善安排好实验实施的时间。本次实验处于期末总复习阶段，学生没有充裕的时间去学习与掌握。教师也担心期末考试成绩会受到影响。这些因素都对实验效果产生了一定的负面作用。（2）因《分形几何》是现代数学的一门新课程，绝大多数教师以前都没有接触过，因此要进入高中课程必须要加大对教师培训的力度。（3）学生感觉这门课程虽然有趣，但一些陌生名词（如"阻化剂""湍流""全息生物学""连续空间"等）使他们感到困难；教师也感资料较欠缺，必须配备较齐全的教学参考资料和软件。（4）教材难度是否有必要调整？值得考虑。教材语言要进一步大众化，使之更加通俗易懂。

（六）实验的收获与体会

学生收获：（1）激发了对科技发展前沿理论的关注意识。（2）新奇、神秘的分形，刺激了学生的求知欲，增加了学习数学的兴趣。（3）初步体会了认识客观事物的分形几何新方法。（4）感受到分形的美。（5）在分形生成的过程中丰富了对事物局部与整体、有限与无限的辩证关系的认识。（6）理解与掌握了分形几何的一些基本内容。

教学中教师体会到：（1）分形几何是一门挑战性很强的新学科，实验过程能使教师本人也得到多方面的提高，首先是对这门前沿理论有了一定的认识，其次是为今后搞课题研究积累了经验。（2）分形蕴藏有很多数列及极限问题，为学习数列及极限提供了具体的实例，把它列入教材，作为数列极限的有机组成部分有助于学生对数列极限的学习。（3）分形几何很有必要进入高中数学课程。最好列入选修内容，让成绩好的学生学习。（4）部分学生不懂BASIC语言，上机实践是一难题。（5）在下一轮实验中一定要强化对教师的培训。

"分形几何初步"测试结果分析表

实验班级：高一（4）班　参试人数：50　测试时间：2002年7月22日　填表人：朱建军

题号		本题总分	全班总得分	人均得分	满分人数	满分率%	0分人数	0分率%	综合评价（在选项上画√）			解题分析
一	1	4	168	3.36	36	72.0%	2	4.0%	好√	中	差	
	2	4	148	2.96	27	54.0%	3	6.0%	好	中√	差	
	3	2	86	1.72	43	86.0%	2	4.0%	好√	中	差	
	4	2	100	2.00	50	100.0%	0	0	好√	中	差	
	5	2	80	1.60	40	80.0%	4	8.0%	好√	中	差	
	6	2	96	1.92	48	96.0%	1	2.0%	好√	中	差	
	7	4	144	2.88	25	50.0%	3	6.0%	好	中√	差	
二	8	3	126	2.52	42	84.0%	8	16.0%	好√	中	差	
	9	3	135	2.70	45	90.0%	5	10.0%	好√	中	差	
	10	3	111	2.22	37	74.0%	13	26.0%	好	中√	差	
	11	3	102	2.04	34	68.0%	16	32.0%	好	中√	差	
	12	3	105	2.10	35	70.0%	15	30.0%	好	中√	差	
	13	3	87	1.74	29	58.0%	21	42.0%	好	中	差√	
	14	3	96	1.92	32	64.0%	18	36.0%	好	中√	差	
	15	3	120	2.40	40	80.0%	10	20.0%	好√	中	差	
	16	3	99	1.98	33	66.0%	17	34.0%	好	中√	差	
	17	3	84	1.68	28	56.0%	22	44.0%	好	中	差√	
三	18	10	400	8.00	35	70.0%	5	10.0%	好√	中	差	
	19	10	320	6.40	32	64.0%	15	30.0%	好	中√	差	
	20	10	260	5.20	15	30.0%	13	26.0%	好	中	差√	
	21	10	207	4.14	11	22.0%	16	32.0%	好	中	差√	
	22	10	200	4.00	5	10.0%	18	36.0%	好	中	差√	
全班总得分			3274	65.48					好	中√	差	

最高分92分，最低分47分，及格率46.2%，高一（2）班总得分3126分，参试人数51人，人均得分61.3分，最高分95分，最低分34分，及格率43.1%，高一（3）班总得分3170分，参试人数54人，人均得分58.7分，最高分89分，最低分25分，及格率38.5%。

测试结果整体分析：因学时安排紧，且课时分散，测试没有取得较好的成绩。但3个班的整体平均分在及格以上，说明在高中开设这门课是可行的。

"分形几何初步"课程实验调查问卷结果

实验教师和校长都认为：（1）有必要开设这门课，它可以开拓学生的几何思维，拓广知识面，增加学生对前沿学科的了解。（2）列入选修内容比较好。

（3）本次课程实验学生都能积极参与，实验教师态度积极。（4）通过实验提高了学生对几何学习的兴趣，数学能力有提高。学生在学校有上机实践的机会。但对少数学生有困难。（5）课时安排不够，需要调整，建议安排10个课时以上。

"分形几何初步"课程材料教师评价结果

教科书基本符合科学标准，如该内容进入高中数学课本，则部分内容难度需作适当调整；如：分形在计算机上生成的实践。教学设计采用的模式，符合当前的教学要求，评价良好；教学建议资料不够翔实，如能增加趣味性的内容，增加一些小材料（有关"超导现象""非晶态物质""阻化剂""湍流""全息相关规律""全息生物学""拓扑维数""连续空间"等内容），将更有益于学生的学习和教师的教学。

实验负责人：胡勇健　撰稿：朱建军　编印日期：2002年10月20日

十一、江西师大附中"分形几何初步"课程实验报告

（一）实验班级人数

高一（2）班56人　　高一（3）班59人。

（二）授课教师

柯莹。

（三）实验目的

"分形几何初步"进入普通高中数学课程的可行性研究。

（四）实验内容

"分形几何初步"实验教材，共6节。

第1课时：分形 ——"病态"的"数学怪物"　　　　（7月4日）

第2课时：科赫雪花曲线的周长与面积　　　　（7月5日）

研究性课题：英国的海岸线有多长

第3课时：特征长度与分形的自相似性　　　　（7月6日）

第4课时：分数维及其计算　　　　　　　　（7月6日）

第5课时：什么是分形　　　　　　　　　　（7月9日）

第6课时：分形几何学的意义和前景　　　　（7月9日）

（五）实验过程

（1）向学生介绍分形有关知识在现实生活中的广泛应用，以提高学生对它的兴趣和重视，并且明确实验的目的和要求。（2）按照教材内容，参考《教学设计》与《教学建议》，根据内容以适当的形式教授知识。（3）及时处理教材中的练习，并组织测试。

案例1：先准备了一些生活中的与分形有关的实例，如：服装、家庭装饰、音乐、太空遨游（分形动画）等。然后介绍分形中的经典例子（康托尔三分集、谢尔宾斯基地毯、门杰海绵等），研究它们的生成过程、图形及有关结论。最后介绍有关概念及分形几何研究对象与传统几何学的区别，并处理教材中的练习。因为有直观的认识，学生掌握得较好，练习完成情况良好。

案例2：借助QBASIC程序演示科赫曲线和科赫雪花曲线的生成，将学生分组（两人一组）上机操作，研究一次、二次、三次、四次迭代的生成图形，找到规律，大胆猜想，得出相应的结论。然后解决有关英国海岸线的问题，因为有对科赫雪花曲线的研究基础。

实验情况：（1）课堂情况：几个课时采用了多媒体教学形式，给学生一些直观的认识，甚至亲自上机操作，所以学生兴趣浓厚，感觉新奇，课堂气氛活跃，效果较好。有些内容理论性较强，且涉及一些专有名词，不明白意思，在这种情况下课堂显得沉闷一些。（2）教材内的有关练习情况：基本在课堂完成，难度不大，完成情况较好，布置课外动手制作的练习比较感兴趣。

实验结果：（1）学生访谈情况：对所学内容比较感兴趣，但对一些理论知识感觉比较难理解。因为是非考试科目，学习态度一般，只是凭兴趣，有些原本能掌握的知识而没能掌握。（2）教师评价情况：知识内容比较前沿，考虑学生基础可作为选修课，以拓宽知识面。教学参考、课程设计的编排合理，但因为这是一门新型学科，作为老师也没有太多接触，所以教学参考内容可适当详细。（3）学生测试结果及论文情况：高一（2）班每个课题小组各交一篇论文（另一个班因故未布置书写论文任务），见案例。测试结果：参测人数111人，总得分

6983分，人均62.91分，及格率54.9%，最高分92分，最低分13分，详见表1。

问题及建议：（1）因为上课与测试隔了一段时间，再加上是非考试科目，学生没有及时复习，考试结果不理想，尤其是一些理论知识题目完成较差。（2）根据本课程的特点，应尽可能采用多媒体教学形式，建议开发与教材内容配套的光盘供教学中使用。（3）教材中的一些专业名词能否去掉，用学生能理解的例子或现象代替。确实必不可少的加上注释。

表1 "分形几何初步"测试结果分析表

实验学校：江西师大附中 实验班级：高一（2）班、（3）班 参试人数：111人 测试时间：2002年9月3日 填表人：柯 莹

题号		本题总分	全班总得分	人均得分	满分人数	满分率	综合评价（在选项上画√）			解题分析
一	1	4	345	3.11	52	46.8%	好	中√	差	
	2	4	185	1.67	32	28.6%	好	中	差√	
	3	2	201	1.81	95	85.7%	好√	中	差	
	4	2	84	0.76	45	40.5%	好	中√	差	
	5	2	138	1.24	71	64.3%	好	中√	差	
	6	2	195	1.76	90	81%	好	中	差	
	7	4	270	2.43	32	28.6%	好	中	差√	
二	8	3	309	2.78	103	92.9%	好√	中	差	
	9	3	321	2.89	107	96.4%	好√	中	差	
	10	3	238	2.14	90	81%	好√	中	差	
	11	3	276	2.49	92	83%	好√	中	差	
	12	3	270	2.43	93	83%	好√	中	差	
	13	3	270	2.43	87	78.6%	好√	中	差	
	14	3	300	2.70	100	90.5%	好√	中	差	
	15	3	279	2.51	95	85.7%	好√	中	差	
	16	3	213	1.92	74	66.7%	好	中√	差	
	17	3	39	0.35	13	12%	好	中	差√	
三	18	10	679	6.12	26	23.8%	好	中	差√	
	19	10	978	8.81	98	88.1%	好√	中	差	
	20	10	634	5.71	26	23.8%	好	中	差√	
	21	10	389	3.50	0	0	好	中	差√	
	22	10	370	3.33	0	0	好	中	差√	
全班总得分		6983	人均得分		62.91		好	中√	差	

研究小论文

谢氏三角形的初步研究报告

（高一（2）课题小组：刘晰 胡娇 马婧媛（组长） 李娟）

1915—1916年，波兰数学家谢尔宾斯基构造出谢氏三角形。设E_0是边长为1的等边三角形，将它均分成四个小等边三角形，去掉中间的一个，得到E_1，对E_1

的每个小三角形进行同样的操作，可以得到E_2……依此类推，就可以得到谢氏三角形，其中E_0为初始元，E_1为生成元。

由上可知，对一个正三角形E_0进行无数次变形，最后被挖得"千疮百孔"，最终的面积将为零。

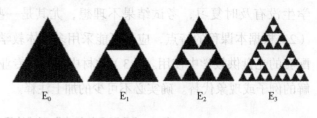

$$E_0 \qquad E_1 \qquad E_2 \qquad E_3$$

我们知道，直线的维数为1，平面的维数为2，谢氏三角形无论如何不可能接近直线，所以维数永远达不到1；然而谢氏三角形中间被挖得"千疮百孔"，维数小于2，因而谢氏三角形的维数介于1与2之间，那么它的维数到底是多大呢？从图形上我们发现，每部分的边长和高都是原三角形的一半，则$r=1/2$，$N=3$，通过公式我们可以求得谢氏三角形的维数为1.584962500721。谢氏三角形在进行无数次变形后，面积将为零，那么它的面积是如何变化的呢？

$$E_0: \frac{1}{2} \times 1 \times \frac{\sqrt{3}}{2} = \frac{\sqrt{3}}{4} \qquad E_1: \frac{1}{2} \times 1 \times \frac{\sqrt{3}}{2} - \frac{1}{4} \times \frac{1}{2} \times 1 \times \frac{\sqrt{3}}{2} = \frac{3\sqrt{3}}{16}$$

$$E_2: \frac{3\sqrt{3}}{16} - 3 \times \frac{1}{4} \times \frac{\sqrt{3}}{16} = \frac{9\sqrt{3}}{64} \qquad E_3: \frac{9\sqrt{3}}{64} - 9 \times \frac{1}{4} \times \frac{\sqrt{3}}{64} = \frac{27\sqrt{3}}{256} \quad \cdots$$

$$\therefore E_n = \frac{3^n \times \sqrt{3}}{4 \times 4^n} \quad (n=0,1,2,\cdots)$$

由这个式子我们可得出变化过程中任何一步所得图形的面积。因为$\frac{3^n \times \sqrt{3}}{4 \times 4^n} = \left(\frac{3}{4}\right)^n \times \frac{\sqrt{3}}{4}$，所以当$n$取$+\infty$时，$E_n \to 0$，这就验证了前面所说无穷次变形其面积将为0的正确性。（指导老师：柯莹 朱涤非）

实验负责人：朱涤非 撰稿：柯莹 编印日期：2002年10月27日

成果篇

CHENGGUOPIAN

分形几何课程实验报告

一、研究背景

1. 课题的提出

2000年10月，中国教育学会中学数学教学专业委员会第十届年会在上海召开。笔者在年会上，从必要性、可行性、操作性三方面阐述了分形几何初步知识进入中学数学课程的问题，引起与会课程专家的广泛关注。另一方面，随着国家、地方、学校三级课程管理体系的逐步完善，校本课程作为学校课程具有举足轻重的地位，分形几何能否作为一些学校体现自己独特的教育哲学与办学理念而设置的校本课程的探索也就成为当前课程改革中一个颇具意义的课题。

2. 实验的理论依据

现代认知心理学认为，具有逻辑意义的学习材料，还必须对于学习者具有潜在意义，才有可能使学习者获得相应的心理意义。这也就是奥苏伯尔所指出的：“影响学习的最重要的因素，就是学习者已经知道了什么……要注意到学生已经具备了哪些相应的知识……使教学在学生已有认知发展基础上来展开。”体现现代思维与高等背景的分形几何经过初等化、具体化、通俗化处理，需要的仅是中学生已具有的相似、数列等概念的认识和初步的维数观念。

二、研究方法

本实验参考了文[1]的做法。

1. 被试

实验对象为江西省7个地市8所高中（省重点高中5所、普通高中3所）高一年级学生859人。由于组成课题组采取自愿报名的方式，所以受试的选取事实上是采用随机抽取现存自然教学班的方式完成的。

2. 自变量

依据"分形几何初步课程设计"教学内容选择的原则：基础，实用，能接受，本次实验教科书选择了以下内容：（1）分形——"病态"的"数学怪物"（介绍一些基本的分形）；（2）英国的海岸线有多长（催生分形几何学诞生的经典问题）；（3）研究性课题：科赫雪花曲线的周长与面积（雪花曲线作为海岸线的数学模型的合理性研究）；（4）特征长度与分形的自相似性（分形几何的基本原理）；（5）分数维及其计算（分形的描述）；（6）什么是分形（分形的定义和性质）；（7）阅读材料：芒德勃罗生平简介（分形几何创始人简历）；（8）研究性课题：字符串替换算法作科赫雪花曲线（分形的计算机生成）；（9）分形几何的意义和前景（分形几何的价值和发展趋势）。

3. 因变量

授课结束时用课题组统一命制的试卷组织测试的成绩；用统一编制的问卷和访谈提纲了解师生对课程实验的反应是因变量。

4. 对无关变量的控制

（1）因本次分形几何课程实验在国内尚属首例，课程设计和教材编写均缺乏现成资料提供参考，在设计课程和编写教材时采用多种渠道争取专家的指导。（2）采用统一研讨和个别指导方式帮助实验教师理解教学内容，掌握实验方法。（3）各实验校妥善安排授课时间，尽量避免与会考和会考复习的时间冲突导致对授课效果的负面影响。

5. 数据分析

本实验采用单组后测实验设计，运用独立大样本Z检验对平均数显著性水平进行统计分析。

6. 实验过程

（1）准备阶段（2001年11月—2002年6月上旬）。在专家指导下设计课程；编写实验教科书和教学参考资料；组建课题组；申报课题立项（2002年4月与6月分别被立项为省级课题和国家高中数学课程标准实验项目）；召开课程实验研讨会；培训教师；布署实验；编辑《实验简报》第1~3期。

（2）实施阶段（2002年6月中旬—7月上旬）。各校用6~10课时讲授实验教科书；组织测试与问卷调查、访谈。

（3）总结阶段（2002年7月中旬—10月）。各校分头总结实验，课题组据上报材料编辑《实验简报》各校专版第4~11期，编撰《分形几何初步进入高中课程的探索与实践》一内部资料上报省课题基地办，并呈国家高中数学课程标准研制组参考。

三、实验结果

1. 实验课程测试结果

根据测试结果相关数据和上犹中学、南昌十五中、敦厚中学、乐平中学、上饶二中、修水一中、师大附中的总体标准差无偏估计量7.99，12.94，12.23，11.82，10.69，14.25，12.95，运用独立大样本Z检验，可分别推断以上7所学校高一学生总体均值依次落入置信区间（62.15，66.53），（52.06，58.12），（39.04，44.30），（63.91，68.03），（79.64，85.06），（59.50，63.98），（60.50，65.32）的可能性为95%，表明用各样本均值估计各总体均值达到显著性水平α=0.05。

2. 学生对实验的反应

（1）普遍对分形几何初步表现出较高的兴趣与传统几何迥异的新颖的几何学，使学生产生了较高的兴趣，7所实验校的实验报告都反映了这一情况，占实验校总数88.9%。"英国的海岸线有多长？学生看到这个题目时，就产生了一种好奇心……各抒己见，纷纷进行讨论（上犹中学《实验报告》，以下各校《实验报告》用校名简称）。"尤其对科赫雪花曲线的周长与面积问题很感兴趣，为什么边界无穷大而面积为定值？"（南昌十五中）

（2）充分感受到分形的美。给人以强烈的美的感受，是分形的一个显著特征。上犹中学、乐平中学等多所实验校分别采用制作课件，指导学生登录分形网站等方式让学生欣赏分形图，感受分形的美学魅力。琳琅满目的分形世界，使学生留连忘返。

（3）初步体会到分形几何与现实生活的密切联系及广泛应用师大附中实验教师"先准备了一些与分形有关的实例，如服装、家庭装饰、音乐、太空遨游等"，使"课堂气氛活跃"，学生体会到分形与生活的联系密切；教科书中"分形几何的意义和前景"则使学生对分形理论在计算机作图、农业选种和中医针灸原理解释方面的应用有较深的认识。

（4）学生对分形的量化表征——分数维的理解困难较大，几乎所有实验校都在实验报告或测试中反映了这一问题。

3. 教师对实验的反映

（1）对分形几何初步进入中学课程的意义有一定的认识。认识到让学生初步接触这种新型几何语言，能"激发"学生对科技发展前沿理论的敏感与关注意识，为他们日后的发展提供了广阔的选择可能性（敦厚中学）；使学生"初步体会了认识客观事物的分形几何新方法"（修水一中）。

（2）教师素质得到了提高。主要体现在两个方面：一是"对这门前沿理论有了一定的认识"（修水一中）；二是"学会了一些课题研究的方法和步骤，……提高了教研能力"（宜丰二中）。

（3）教学存在一定的困难。分形几何"是一门新型学科，作为教师也没有太多接触""新课程的教学，教师存在一定的困难"（师大附中，宜丰二中）。有5所实验校表示了相同的看法，占实验校总数的62.5%。

四、讨论

1. "分形几何初步"进入高中数学课程的可行性

通过对实验情况和结果的分析，我们形成了分形几何初步进入中学数学课程具有可行性的初步认识：

（1）分形几何具有较高的教育价值。

①开拓学生的数学视野。学生看到，这种几何与他们过去所学过的几何大不相同：从研究对象到表达方式到度量方法，全然不同于传统的几何，尤其是海岸线长度这种看似简单的问题却引出了出乎意料的结果，科赫曲线作为一种曲线却有1.2618的分数维数，这使他们发现进入的是一个全新的几何世界从而兴趣益然，而兴趣又正是他们学习这门新兴学科最好的老师。

②培养学生的创新思维。从某种意义上说，创新就是对传统的否定。芒德勃罗在酝酿、思索，研究到最终创立分形几何的过程，就是冲破了传统几何观念束缚的过程，在这一过程中显然都充满着创造性的思维和灵感，从而诞生的是一种异于传统几何的新型几何语言，它给学生带来一种全新的几何观念（比如海岸线的长度竟是不确定的），会让学生接受一种挑战传统的教育，感受对传统观念的突破（皮亚诺曲线作为一种曲线竟能跑遍整个平面），促使他们感到原有思维方式失效而寻求新的思维角度，而这种过程正是思维的创新。

③帮助学生掌握数学的思想和方法，发展辩证思维。学生的数学学习，理解知识仅仅是一个方面，更主要的是掌握数学的思想和方法。计算机科学极度发达的新世纪，递归思想、迭代方法的重要性是不言而喻的，上机作分形图，则为学生领会递归思想、掌握迭代方法提供了极好的机会；而科赫曲线等具有无穷层次复杂结构的经典分形，都以非常简单的方法定义（即对应看一个简单的映射），既为学生体会极限思想提供了一类实例，又昭示了"简单中孕育着复杂"的深刻哲理，促使学生的辩证思维得以发展。

④审美教育的极好材料。计算机图形显示，推开了分形几何学的大门。根据简单的程序操作，屏幕上生成了"百孔千疮"的"门杰海绵"、摇曳多姿的蕨类植物。登录分形网站，学生惊叹芒德勃罗集的绚丽多彩，感叹分形山的高度逼真。美，强烈地震撼学生的心灵，悄然地陶冶学生的情操。数学的美是丰富的：形式美、简洁美、和谐美、奇异美，但对它们的感受常常需借助思维的抽象和演绎，以至分形几何创建者芒德勃罗称欣赏欧几里得的美需要艰苦和长期的训练，而分形通过视觉给学生直观、丰富的表象（芒德勃罗称分形语言是"用眼睛的"），是直截的美的感受，在被接受上有独特的优势，因而对学生具有更直接、更普遍的意义。

（2）"分形几何初步"学生能接受。

分形几何学是一门高深的学问，但康托尔三分集等经典分形的构造与特征——自相似性、海岸线长度问题所揭示分形几何的基本思想等却并不难理解。只要我们在教材处理上侧重于分形几何的一些基本的、浅显的结论，让学生从欣赏的角度来考察图形的构造，而把对其理论的探讨列为次要的方面，多数学生都能获得相应的心理意义。应该说，学生能接受分形几何的一些初步知识，本次课程实验的测试成绩初步验证了这一点：参加测试的655人中，及格人数有360人，占55.0%。统计分析表明，样本平均分推断总体的显著性水平 α =0.05，说明样本具有总体的特征。作为一门新的实验课程，学生能达到如此水平似乎差强人意。若本次实验在时间安排上能错开期末复习阶段，并控制其他相关因素以排除对实验效果的负面影响，这个比例将会更大。

（3）开设分形几何初步有利于信息技术与数学课程内容整合。

这是国际数学课程改革的一个热点问题，《高中数学课程标准的框架设想》的基本理念也予以特别的强调。而分形几何的创立正是得益于计算机技术的发展，离开了计算机技术，分形的研究简直步履维艰。本课程实验中，许多学校制作了分形课件，展示分形的美，演示分形的生成；组织学生上网分形频道，查找资料，撰写研究小论文。信息技术为实验目标的达成发挥了重要的作用，正如乐平中学得出的深刻体会：现代教育技术引领学生进入分形几何的殿堂。

2. "分形几何初步"在高中课程中的定位

（1）按《高中数学课程标准的框架设想》作为选修课程拓展系列的一个专题。

从分形几何的理论意义、应用价值和发展前景，结合本次课程实验的初步结果来看，这种安排有一定的可行性。十多个课时能使学生对分形几何有一个概貌性的了解，让学生经历一个新的几何世界，体会一种新的几何思想，这在高中课程改革中，是一件十分有意义的事情。但这里要注意3个问题：①加大师资培训的力度；②组织力量开发教学资源，既包括教参和教辅读物，也包括资料性质的光盘；③进一步开展课程实验来验证。

（2）分形几何初步可以被开发为校本课程。

①分形几何的前沿性很能够体现定位于"科学家的摇篮"层次的部分重点中学的教育哲学与办学宗旨，本次课程实验得到具有丰富教育资源的江西师大附中等省重点中学领导的大力支持，这个方面是一个重要的因素。

②不少实验校在实验报告中都谈到，该课程的开设有利于中学课程反映当代学科前沿理论从而培养学生关注科技最新发展的意识，所以在分形几何未曾正式进入国家课程的前提下，这是对国家课程的重要补充。

③分形几何因其太强的专业性致使有关论著印数不多而难以得到。但从分形频道等一些网站却往往能觅得适合中学生理解水平的有关材料。2003年4月，

课题组也已建立了分形几何专题学习网站（http://61.242.151.175/fxjhzh/default.htm），我们期望通过网站的建立，能为普及分形几何初步知识，为校本课程的开发，起到一点推动作用。

④各地中学信息技术教育设施的具备与逐步完善为把分形几何开发为校本课程提供了技术上的支持，上犹中学等实验校在实验中就利用这种资源专门开设了用几何画板作分形图的一次课。

（3）作为数学文化进入课程。

几千年来，欧氏几何严密的公理体系对人类理性思维的形成发挥了巨大的作用。而如今，分形几何提供的一种新型几何观，正在帮助人们突破传统的认识客观事物的方式，从新的角度洞悉研究对象的本质，表现出深厚的文化底蕴。所以在进入中学课程的数学内容多的情况下，也完全可以把分形作为一种数学文化让学生去体验。当然这就必须遴选最能揭示分形基本思想的一些经典问题，如"英国的海岸线有多长"等。要注意的是，作为数学文化进入课程，涉及内容的编写必须深入浅出，通俗易懂，尽量少用专用名词和术语，尽可能揭示这一内容的文化内涵。

（4）作为课程资源来开发。

①分形是研究性学习的极好背景材料。研究性学习进入中学课程后，其培养创新思维的功能得到业内人士首肯。同时课程实践中人们也认识到，选取的学习材料是影响其效果的一个关键因素。分形背景新颖，能引发学生的研究兴趣，与计算机技术联系紧密，为学生实践用现代研究手段进行研究性学习提供了空间。加上分形的好些内容，中学生已有相关的知识基础，所以从中可开发相当一部分研究性学习的材料。江西师大附中在本次课程实验中，这个方面的实践取得了很好的效果：在以分形为背景的研究性学习中，以马婧媛、计京津为组长的两个学习小组的课题研究论文均获得"创新杯"全国中学生小论文比赛（广西《中学理科》杂志社主办）二等奖。

②以分形的生成为背景，在它与数列内容的交汇点上可开发出一批精彩的，跳起来就能摘到的桃子式的例、习题。

参考文献

[1] 王延文,王光明.数学能力研究导论[M].天津:天津教育出版社,1999.

[2] 夏炎. 高中数学研究性学习探讨[J]. 数学教育学报, 2001, 10(3): 63–66.

　　（本文刊于《数学教育学报》（天津）2004年2月。第13卷第1期；且被《数学教育改革与研究》（全国中学数学教育第十一届年会论文特辑），新蕾出版社，2004，3 全文收录）

《高中数学课程标准》研制阶段选修课系列

"简单分形的构造与欣赏"专题参考稿

本专题中，学生将学习分形几何初步内容。

分形几何是研究不规则图形和现象的新兴数学分支，是描述复杂形态的一种新的几何语言。它给现代科学技术提供了新思想、新方法，已成为当代科学最有影响和感召力的基本概念之一，其深远的理论意义和巨大的实用价值在众多学科领域日益凸显。高中学一点分形，可以使学生感受数学的美学魅力，培养对数学的兴趣，建立对分形的初步认识，开阔数学视野，体验观察世界的全新角度和方式，形成关注科技前沿的意识和创新意识，对学生日后的发展有重要意义。本专题将让学生认识一些基本分形，了解它们的构造及与欧氏几何图形不同的性质，学习分形的一些基本概念和自相似原理，在体会分数维的合理性基础上，建立初步的分数维观念，并用于解决一些简单的实际问题。学生还将对分形的计算机生成和应用有一定的了解，并上机实践分形的制作。

一、内容与要求（18课时）

1. 分形的构造与欣赏

（1）通过分形图的欣赏，体会分形的思想，初步认识分形；感悟数学与艺术在审美上的统一，提高审美情趣；认识事物在简单中孕育着复杂的辩证观点，发展辩证思维；体会计算机作图技术和迭代思想在分形研究中的重要作用。

（2）认识康托尔三分集、科赫曲线与科赫雪花曲线、谢尔宾斯基垫片与地毯、门杰海绵、皮亚诺曲线等基本分形，掌握其构造方法，能作出生成它们的头几步图形。

（3）理解初始元、生成元、随机分形等基本概念，知道随机分形的构造方法，知道它是现实事物更贴切的数学模型。能运用以上概念解决一些简单问题。

2. 分形的定义和性质

（1）知道分形的几种定义及其局限性，理解分形的法尔科内定义，并由之掌握分形的性质。通过实例体会分形。

（2）了解特征尺度的意义，知道分形无特征尺度而有自相似性。

（3）理解自相似性的意义，知道科赫曲线等经典分形具有严格的自相似性，随机分形具有统计自相似性，知道现实世界的分形的自相似性只存在于一定的范围内。能用自相似原理理解和解释自然和社会系统的一些简单问题。

3. 分数维及其计算

（1）理解维数是刻画图形复杂程度和占据空间规模指标的定义，理解分数维的合理性，知道分数维是刻画分形最合适的特征量。

（2）了解豪斯多夫维数的基本思想和以卡拉西奥多里（Caratheodory）构造为基础的定义，知道这种维数的适用范围和局限性。

（3）理解相似维数的定义和适用范围，能求出一些经典分形的相似维数。

（4）知道"英国的海岸线有多长"问题在分形几何学中的地位，能较清楚地表述这一问题并能用分数维来解释这一问题的结果。

4. 分形的计算机生成

（1）了解绘制分形图的两种重要方法——字符串替换算法（L系统）和混沌游戏（迭代函数系统的随机方法）的基本思想。

（2）能由初始字符或字符串（公理）按替换规则（产生式）写出后续字符串（符号序列）；能将某些简单生成元用符号表示，经历数学建模的过程；能根据有关约定作出长度不大（即字母个数不多）的字符串的图形。

（3）能根据提供的程序上机实践字符串替换算法作简单分形，能理解用混沌游戏作简单分形（例如谢尔宾斯基垫片）的方法，经历分形的计算机生成过程，体会现代信息技术在数学可视化方面的作用。

5. 数学探究

（1）选择合适的课题（例如科赫雪花曲线的周长与面积）让学生发现与探索分形与欧氏几何图形的不同性质，加深对分形的理解，经历寻找现实分形（例如海岸线）的数学模型的过程，培养发现与研究问题的意识，使学生的想象力和创造力得到发展。

（2）了解研究小论文的一般结构，实践小论文的写作，培养小论文写作初步能力。

（3）结合学科特点，开辟在计算机上进行数学探究的路子（例如探索用几何画板作分形树的方法）。提供上机探索的机会。

6. 数学文化

（1）初步了解分形几何的理论意义和实用价值，能举例说明分形的应用，知道它有广阔的发展前景。

（2）了解分形几何创始人伯努瓦·B. 芒德勃罗（Benoit B. Mandelbrot）的生平简历，发展学生勇于探索、追求真理的情感与态度。

二、课程实施建议

1. 教材编写建议

（1）写好"开篇语"，让学生意识到将进入新的几何世界，引起对课程的重视。

（2）教材内容的编排顺序要符合学生的认知规律，让学生从感知分形进入课程，将分形欣赏安排为教材的起始内容。图形材料可用与教材配套的教学软件，也可从分形网站获取。但须注意：①材料应按体现分形的性质、生成、应用等几方面来组织，并将同类图形排列在一起；②材料应有良好的审美效果，应尽可能有动画效果。

案例1 不断放大的芒德勃罗集，体现分形有无限精细结构的性质；门杰海绵用递归方法生成；好莱坞电影《星际旅行Ⅱ：可汗的愤怒》中新行星的诞生以及《吉地的返回》中行星在空中飘浮等壮观的场面体现分形在电影艺术中的应用。

（3）通过例、习题的设置加强与欧氏几何知识的联系，帮助学生适应分形几何的思维方式，使学生思维能较平稳地进入课程。

案例2 计算康托尔三分集的长度。

（4）充分利用分形生成情境和数列的联系设置问题，培养发现和提出问题的能力。

案例3 康托尔三分集的生成中,使人感到存在某些规律性的东西,发现它与数列有某种联系,请以此为背景编制一道习题。

(5)提供图片、文字、实物模型等材料和实践操作的机会让学生领会分形的思想,加深对分形的理解。

案例4 图片"分形"二字分别由小一层次的"分"和"形"字构成,这种层次无限的多。文字:分形韵律诗—— 一个歪斜的人/走过歪斜的一英里/歪歪斜斜地/捡到了一枚歪斜的六便士 …… 。实物模型:杂技团 里有一种套箱,它们是大的套小的,一层层套下去,每层的尺寸不同,而形状相同。制作分形:取一长为 a 的长方形薄纸板,将它对折,在折痕离两端1/4处垂直折痕各剪开 $a/4$;将剪开的中间部分对折起,在新折痕离两端1/4处垂直折痕各剪开 $a/8$,……将这种操作进行多次后打开纸板展平,将其所有折痕推进或拉出成直角,得一分形模型。

(6)特征尺度与分形的自相似性的例子和习题应结合自然和社会系统,现实生活中学生熟悉的背景材料,材料应具有时代特色。

案例5 "杀鸡用牛刀""海水不可斗量"是形容尺度用得不恰当的民间俗语,包含着许多事物都有自己的特征尺度的深刻寓意。

案例6 我国生物学家张颖清创立的全息生物学和引起当今国际社会广泛关注的生物克隆技术在某种意义上说是以自相似原理——局部包含整体全部信息为理论基础。《红楼梦》中的贾府是整个封建社会的缩影;典型人物形象,体现文学创作中的自相似性。

(7)分形强烈的审美效果,使图文并茂在教材编写中有特殊意义,要充分利用图形帮助学生理解内容。

案例7 在俄罗斯I. V. 沙雷金《直观几何》中,零维的点+长→一维线段+宽→二维正方形+高→三维立方体一组概略图下,添置康托尔三分集、科赫曲线、门杰海绵在点与线段、线段与正方形、正方形与立方体之间,帮助学生直观地理解维数的定义和分数维的合理性。

(8)选用的素材要提供学生熟悉的情境,尽可能具有多种教育功能。

案例8 用斐波那契兔子繁殖问题引入字符串替换算法,是学生熟悉的背景材料,且能体会数学建模的过程。

(9)应设计一、两种基本分形的字符串替换算法程序供学生上机操作,提供通过实践认识分形的机会，体会课程与现代教育技术的整合。

（10）要帮助选择合适的探究课题，引导学生按正确的思路进行探究，创设条件，让学生体验成功的喜悦。

（11）分形理论的应用要在学生能理解的背景材料中选择例子。

案例9 自相似原理对中医诊治疾病原理的解释；在农业选种方面的应用。

（12）芒德勃罗生平简介以阅读材料形式呈现。

2. 教学建议

（1）本课程的开设应安排在"数列"内容之后。

（2）要揭示分形几何与欧氏几何的异同，使学生从整个几何学的高度来认识分形几何。描述对象是科学研究的第一步，要使学生理解"分形能描述复杂形态"的涵义。

（3）分形几何的创立得益于计算机科学的发展。加强现代信息技术与课程的整合是实施教学的重要环节。开设分形几何初步课程，要加强现代教育技术硬件建设，要配备多媒体教学设施，利用教材出版部门开发的配套教学软件（分形欣赏图形资料、演示分形生成的课件等）进行课堂演示。尽可能为学生提供上机操作的机会，有条件的学校要鼓励学生上网查阅分形资料。

（4）对分形的理解要重视引导学生去感受、去体会，看图片，读文字材料，制作分形模型，设计自己的分形。鼓励和指导学生去发现周围的分形结构，拓宽几何思维的空间。

（5）分数维是分形几何的基本思想。分数维概念的理解是一个难点，教学中要先利用一些合适的图形使学生完成对维数概念的理解，从经验维数到"维数是刻画图形的复杂程度和占据空间规模的指标"的过渡，在此基础上引导学生实现维数观念从整数到分数的拓展。

（6）分形中蕴含着丰富的哲学思想：揭示出局部与整体新的本质联系（分形的局部以与整体自相似的方式存在于整体中，不同于欧氏图形的整体等于部分之和），简单中孕育着复杂（结构复杂的芒德勃罗集由简单的复数二次多项式 $f(z)=z^2+c$ 迭代产生）等，数学中要充分利用这些素材发展学生的辩证思维。

3. 评价建议

（1）分形几何是一门新兴数学分支，提供的是与学生过去所学的欧氏几何不同的观察世界的方式（例对局部与整体关系的认识）和描述几何对象的方法

（欧氏几何用直线、圆等描述对象，分形几何用分形描述对象），对学生的评价首先要关注学生能否从学科的高度来认识这门课程，区分不同的几何问题，学习中是否有用这种新的几何思维方式去处理几何问题的自觉意识。

（2）分形几何与欧氏几何在研究对象和方法上的迥然不同，对人们思维习惯产生一种悖逆，使学生在学习中有一个心理适应过程。评价要关注课程实施过程中学生情感和态度的变化，以便及时反思与改进教学，达成教学目标。

（3）对概念理解程度的评价要结合具体例子进行，以同时评价学生运用知识的能力。

案例10 用几个大小不同的圆圈画出谢尔宾斯基垫片几个相邻的自相似层次。

（4）分形经反复迭代生成的过程，表现出明显的规律性，为探索规律、上机实践、数学建模能力的评价提供了合适的背景，要充分利用这种背景对学生进行这些能力的评价。

（5）分形几何因其自身的特点可有比其他课程更为丰富的评价形式，除以书面考试为主要形式外，还应辅以一些新评价理念倡导的方式，包括小论文评价与作业分析，课堂观察与课外访谈（了解观念、情感与态度），上机操作等。评价结果的呈现用定量表示与定性描述相结合，定量表示用等级制时建议分为四个水平，则可免使太多的学生被评为中间层次，使评价更为有效。

4. 开发教学资源

分形几何作为一门新兴学科，国内有关的教辅读物与软件几乎是一片空白，应尽快组织力量编写、编译与开发。有条件的地区可组织学生观看有关科教影片（如国内有齐东旭教授主持制作的影片《相似》）和好莱坞应用分形艺术拍摄场景的影片（如《星际旅行Ⅱ：可汗的愤怒》等），增加他们对分形的直观感受。特别是要通过组织学生采集分形植物标本：蕨类植物和夹竹桃的叶子，观察金属板的裂痕和闪电传播的轨线，道·琼斯指数曲线等活动，帮助学生理解分形的真正涵义。

（本文系2002年7月课程标准研制阶段中，课题组负责人为标准研制组提供的《高中数学课程标准》选修课系列"简单分形的构造与欣赏"专题的参考稿）

崛起的分形几何

1. 传统欧氏几何的困惑

欧几里得《几何原本》自公元前3世纪诞生以来直到18世纪末，在几何学领域一直是一统天下，被人们奉为圭臬与经典。但它研究的仅仅是用圆规与直尺画出的直线、圆、正方体等规则的几何形体，这类形体是光滑的、具有特征长度的、可微分的。然而在我们生存的空间，大量存在的是另一类几何形体、结构与现象：蜿蜒起伏的群山，犬齿交错的海岸线，微粒布朗运动的轨迹，线状缠绕的高分子链，股市行情的涨落，地震周期的重演，……，它们不具有欧氏几何意义下的光滑与规则，虽然处处连续，但并非处处可微，因而无法用欧氏几何的规则形体去拟合它们、描述它们，致使二千年来在几何学领域独领风骚的欧氏几何在它们面前无能为力，遭致到严峻的挑战。另一方面，也为分形几何提供了滋生的壤土。

2. "病态数学怪物"的画廊

在18世纪里，数学家们都认为连续函数一般是处处可微的，即使存在不可微的点，那也是个别的，至多也只是可数个点。1872年，分析学大师德国数学家维尔斯特拉斯证明了函数 $f(x)=\sum_{n=0}^{\infty}a^n\cos(b^n\pi x)$（其中 $0<a<1$，$ab>1+\dfrac{1+3\pi}{2}$，这里 b 是奇数）。在任意一点均不具有有限或无限导数，这一结果在当时引起数学界的震惊。但人们看到这个函数是一个无穷函数级数，所以认为它是极为个别的"病态"的例子，处处连续而不可微分的函数的图象应该是十分复杂的。可是到了1904年，瑞典数学家科赫从几何角度出发，通过线段的递归作了一条今天被作为经典分形的科赫曲线（图1），这是处处连续而不可微分的函数的第一个例子，人们这才认识到连续函数的结构未必都是很复杂的。1883年，集合论的创立者德国数学家康托尔为了讨论三角级数的唯一性问题，构造了现今被称为康托尔集的奇异集合：选取一个欧氏长度为1的直线段E_0，将之三等分，去掉中间一段，剩下两段，记为E_1，将剩下的两段分别再三等分，各去掉中间一段，剩下更短的四段，记为E_2，……，将这样的操作继续下去，直至无穷，则可得一个离散的点集（图2）。1890年，意大利数学家皮亚诺构作的皮亚诺曲线（图3）导致了传统维数观念的危机，引起了维数观念的一场革命，为分形理论的诞生奠定了又一块基石。以上一些"数学怪物"的出现，在使相当的一部分数学家感到"直觉的危机"的同时，也引起了一些数学家的兴趣。他们受康托尔三分集构造思想的启发，通过降维生成，1915—1916年构造了谢尔宾斯基（波兰数学家）垫片（图4）和谢尔宾斯基地毯（图5），进而，将谢尔宾斯基的方法用于正方体，门杰海绵得以诞生（图6）；而升维处理，既可产生经典的科赫曲线，也可在正方形上产生类似菜花的立体结构（图7）。

上述前所未见的数学结构的出现，在数学界引起了轩然大波，"一切都乱套了！……"人们惊呼着，把这些新的结构看作是"病态的"，是"怪物的画廊"，认为在现实世界中，它们比狮头蛇尾或人首马身之类更无可能，从而只能

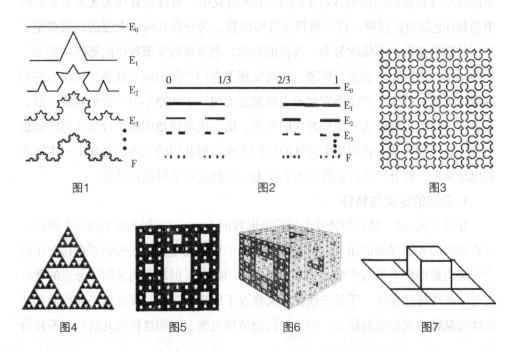

图1　　　　　　　　　　图2　　　　　　　　　　图3

图4　　　　　图5　　　　　图6　　　　　图7

作为传统数学的反例而存在。

3. 不列颠的海岸线有多长

然而，数学史诙谐地同数学家开了一个玩笑，这些"病态的"数学结构并非是创造"怪物"的数学家们为哗众取宠的发明，却是环绕我们的熟知物体中所固有的，只不过是在数学史的某一个阶段，人们因未能认清它的本质与作用而被作为反例摆在了不公平的位置上。

1967年，美籍法国数学家芒德勃罗在美国《科学》杂志上发表了轰动学术界的著名论文"不列颠的海岸线有多长？"文章说：以公里为单位测量海岸线时，则几米几十米的弯曲被忽略掉了；若以米为单位测量海岸线时，则前面被忽略掉的弯曲就能计算进去，因而测得的总长度就会增加，但几厘米几毫米的弯曲仍然会被忽略，所以随着测量尺度的减小，海岸线的长度会逐渐增加，从而得出海岸线的长度是不确定的结论。这样的结论太惊人了，大大出乎人们的意料之外！然而，芒德勃罗并不以此为目的，反而将其作为一个突破口，开始了他的艰辛探索。他发现，随机方法生成的科赫曲线是海岸线的极好数学模型，它与海岸线一样，随着测量尺度的减小而长度渐次增加，这就为"怪物"画廊的成员们被摆正在数学史上的位置迈出了开创性的一步。同时，在对英国科学家理查森1961年得出的海岸线长度的经验公式 $L(\varepsilon)=F\varepsilon_1-D$ 的研究中，对理查森认为无关紧要的简单指数D他却独具慧眼，将之解释为分形维数，为分形几何学大厦的构筑奠定了坚实的理论基础。不倦的努力，孜孜的追求，把早年数学家提供的那些"病态"的数学结构串联在一起进行思考，从而发现了它们之间的内在联系，认识到它们的宝贵价值。终于，芒德勃罗集前人成果之大成，于1975年以《分形对象：形、机遇和维数》为名发表了他划时代的专著，第一次系统地阐述了分形几何的思想内容、意义和方法，将历史上公认的反例变成分形几何的主角，完成了一次伟大的思想革命，使分形几何在数学史上作为一个独立的学科正式诞生。

4. 分形的定义与特征

分形（fractal）是芒德勃罗由拉丁语形容词（fractus）创造出来的一个新词，具有破碎的和不规则的涵义，但至今尚无一个科学的定义。芒德勃罗在1975年将之定义为豪斯多夫维数严格大于其拓扑维数的集合，但却把明显属于分形的著名皮亚诺曲线排除在外。于是芒德勃罗又修改了原来的定义，说分形是那些局部和整体按某种方式相似的集合。但又如何说清像直线、圆周这样的几何形态不是分形呢？所以这些定义都不够精确、全面。英国数学家法尔科内在《分形几何的数学基础及其应用》一书中认为，分形的定义应该以生物学家给出生命定义的类似方法给出，即不寻求分形的确切简明的定义，而是寻求分形的特性，将分形看作具有如下性质的集合：

（1）具有精细结构，即在任意小的比例尺度内包含着整体。

（2）不规则，不能用传统的几何语言来描述。

（3）通常具有某种自相似性，或许是近似的，或许是统计意义下的。

（4）在某种方式下定义的"分维数"通常大于其拓扑维数。

（5）定义常常是非常简单的，或许是递归的。

需要指出的是，在以上性质中，具有某种自相似性和维数一般是分数最为主要。正由于分形具有某种意义下的自相似性，就决定了它没有特征尺度（即测量事物的合适的尺度。用尺去测量万里长城或用寸去测量人体细胞，都是不合适的，前者太短，后者又太长），即对于每个具体的分形体，大大小小的许多相似的层次，使它没有尺度的代表者，从而若要对它们进行测量，就必须要准备从小到大的许多尺度，这显然是十分困难的，因而也常常成为科学研究中的难题。所以日本学者高安秀树把分形定义为"对没有特征长度的图形和构造以及现象的总称"。另一方面，维数一般不为整数也是分形的重要特征，这往往使习惯了欧氏几何中点、线、面、体分别是0、1、2、3维的人们难以理解。但我们可以这样来看：以科赫曲线为例，它作为线，其欧氏维数应是1，但它又弯弯曲曲，当测量它的尺度$r \to 0$时，其长度$\to \infty$，所以它又不是一般的规整的线，似乎应该是面（因为2维的面可以看成由无穷的线段所组成），但它还没有充满整个平面，所以它的维数应小于2，这样它的维数D应是$1 < D < 2$，从而是分数。将维数从整数拓展为分数，不能不说是数学观的一次革命。虽然从习惯整数维数到习惯非整数维数也许需要一些时间，但一旦习惯了，也就可用与一般整数维数完全相同的感觉去处理。正由于分形这些特征，使得以分形为研究对象的分形几何与传统的欧氏几何产生了很大的差异（见本书《对分形几何初步进入普通高中数学课程的思考》表1）。

5. 分形的理论研究与应用

分形是一个崭新的概念，它诞生以后对传统的数学和物理学都产生了强大的冲击。因其思想新颖而独特，引起人们广泛的关注，始自80年代的分形热至今尚方兴未艾。目前世界上许多国家都十分重视分形理论及其应用的研究工作，尤其是它作为20世纪继相对论和量子力学以来物理学的第三次革命——混沌论的主要数学工具，使其成为众多学科竞相引入的课题。它对物理学的湍流和相变两大难题有独特的见解；为化学家深化对高分子的认识提供了有力的工具；在地震预测研究的尝试中取得了重要的成果；使石油开采大幅度提高产量成为可能；对中医治病原理做出令人满意的解释；……分形论开拓了人们洞察客观世界的眼界，在众多学科领域施展其洞察事物本质与运动规律的巨大潜力。据美国科学情报研究所的计算机显示，世界上1257种权威学术刊物在80年代后期发表的论文中，与分形有关的文献占37.5%。就论文所涉及的领域，其应用遍及哲学、数学、物理学、化学、冶金学、材料科学、表面科学、计算机科学、生物学、心理学、人口学、情报学、经贸、管理和商品学，甚至在电影、美术和书法艺术领域也得到应用。

6. 中学教师应该学一点分形几何

现代教育理论认为，数学教育的主要目的之一是让学生获得数学审美能力，发展学生的个性品质，发展创造性思维。从这个意义上看，分形具有不可忽视的重要性。

正如尤金斯等所说："分形几何的理论是直观可见的，它所涉及的形态具有巨大的审美感染力。"特别是用计算机L系统或迭代函数系统（IFS）可以生成一些美丽动人的图画，可以对一些自然构形和艺术作品进行逼真的模拟，这是任何一种几何学很少涉及的。在此之前，几何学不讨论像云、山、树这类对象的几何描述，并不是它们不重要，而是无能为力。今天，当计算机上"自动"产生一幅生动的自然景物图画时，将使学生感悟科学与艺术的融合。数学与艺术审美上的统一，不再仅仅是抽象的哲理，而是具体的感受。图8与图9即为计算机绘制的精美图

图8

图9

形。"因而分形几何可有助于反驳那种认为数学枯燥无味和难以接近的看法，并可激发学生去了解这一令人迷惑的激动人心的领域"。另一方面，芒德勃罗创立的这门与传统欧氏几何大相径庭的新学科，是创新思维的结晶，其分数维观念更是对传统维数观念的反叛，其中无不充溢着创新的火花，这无疑对学生创新能力的培养大有裨益。事实上，义务教育阶段国家数学课程标准中，也已把科赫雪花曲线作为创设情境展示丰富多彩的几何世界的例子列入了第三学段"空间与图形"内容中，这就使中学教师学一点分形几何成为义不容辞的事。现在国内不少高等院校已纷纷开设了分形几何必修或选修课，且得到广大学生的欢迎，一些分形理论专著也纷纷出版，这无疑给广大中学教师学习这种新学科理论创设了一种氛围和提供了方便。

参考文献

[1] 林鸿溢. 分形论——奇异性探索[M]. 北京: 北京理工大学出版社, 1992.

[2] 汪富泉. 分形——大自然的艺术构造[M]. 济南: 山东教育出版社, 1996.

[3] 芒德勃罗 B. 大自然的分形几何学[M]. 上海: 上海远东出版社, 1998.

[4] 张济忠. 分形[M]. 北京: 清华大学出版社, 1995.

[5] 齐东旭. 分形及其计算机生成[M]. 北京: 科学出版社, 1994.

[6] 谢和平, 等. 分形应用中的数学基础与方法[M]. 北京: 科学出版社, 1997.

[7] 高安秀树. 分数维[M]. 沈步明, 译. 北京: 地震出版社, 1989.

[8] 刘式达. 分形和分维引论[M]. 北京: 气象出版社, 1993.

[9] 钱佩玲. 分形几何——从UCSMP教材内容引发的思考[J]. 数学通报, 1997(10).

[10] 孔凡哲. 关于国家数学课程标准研制工作的思考[J]. 课程·教材·教法, 2000(2).

[11] 史炳星. 把分形几何带进中学生的课堂[J]. 数学通报, 2000(3).

[12] 研制工作组. 义务教育阶段国家数学课程标准(征求意见稿) [S]. 北京: 北京师范大学出版社, 2000: 96.

（本文刊于《中学数学研究》（广州）2002, 1）

"病态" 几何图形与分形几何

《中小学数学》1999年第5期刊载的全国初中数学竞赛试题的一道填空题中有如图1的一组图形：这组图形从第二个图形起，每一个都由它前一个图形按同样的变形得出。事实上，这种变形可以无限止地进行下去，所得的图形叫科赫雪花曲线。这种科赫雪花曲线是一种"病态"的几何图形，叫分形。著名的分形还有谢尔宾斯基"垫片"（图2）。

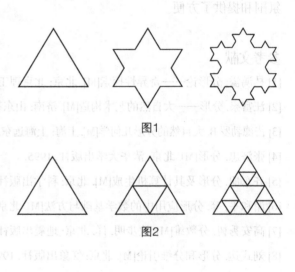

图1

图2

上述分形的构作过程是一种别有情趣的思维体操。你能通过观察，总结出它们各自的构作方法吗？若将图1左边的的源三角形改为正方形，对正方形施以类似的变形，得出的图形叫科赫岛边界曲线；若将图2左边的源三角形改为正方形，对正方形施以类似的变形，得出的图形叫谢尔宾斯基"地毯"。你能作出这两种分形吗？

显然，以上几种分形与我们在中学几何中遇到过的图形是不同的，它们显得很不规则。但是它们也显示出一种结构上的共性：局部形态和整体形态的相似性，即自相似性。这种自相似性又恰好是自然界中一类极不规则的事物所具有的，它们是连绵的山峰、蜿蜒的河流、曲折的海岸线、材料的裂纹等。比如说海岸线吧，当我们乘坐飞机俯瞰时，会发现在不同的高度观察到的海岸线的形状是大致相同的。就是说海岸线具有局部形态与整体形态相似的自相似性，所以也是一种分形。对这类分形研究的学科，是近三十年创立、发展起来的一门数学新分支——分形几何，是由美籍法国数学家芒德勃罗创立的。这门学科的创立，源于芒德勃罗对海岸线长度的研究，他发现，对"英国的海岸线有多长"这个看似简单的问题，要回答却极不容易。经过潜心研究，他得出的结果会使你大吃一惊：海岸线的长度是不确定的！因为当你用两脚规分别张成长度 r_1 和 r_2（$r_1 \neq r_2$）一步一步去测量同一段海岸线时，若所得的数分别为 Nr_1 与 Nr_2，则计算出的海岸线长度 $Nr_1 \times r_1 \neq Nr_2 \times r_2$，原因是测量时各自忽略了小于 r_1 与 r_2 的那些弯弯曲曲的曲线。那么海岸线是否无法进行测量呢？不是的，芒德勃罗等科学家经研究后还是解决了这个问题。他们引入了一个叫"分数维数"的概念来作为它的定量表征，使得用传统的方法去测量时，在不同尺度下不规则的程度保持不变。即通过计算维数的方法去刻画海岸线的不规则性，从而使问题得以解决。

分形几何创立三十多年来，在物理、数学、艺术、生物等许多领域得到广泛的应用，特别是方兴未艾的计算机图形学也以它作为理论基础，其前景是十分诱人的。美国的物理学家惠勒就说过，明天谁不能熟悉分形，谁就不能被认为是科学上的文化人。

（本文刊于《中小学数学（初中版）》（北京）1999，9）

中学几何教材渗透分形几何的设想

一、"分形几何初步"进入初中几何教材的必要性

（一）教材现代化的需要

分形几何是近二三十年创立、发展起来的一个数学新分支，由于其研究对象为自然界和社会现象中广泛存在的无序系统，是一类不光滑、不规则的"病态"几何图形，因而在许多学科领域得到广泛的应用，其发展前景十分诱人。这样一门位于现代数学发展前沿的基础学科，让新世纪的公民——今天的初中生进行初步的接触与体会，其意义绝不亚于统计初步在初中教材中的渗透，同时也是对邓小平同志关于"教材要反映现代科学文化的先进水平"指示的具体落实。

另一方面，初中教材经过多年的改革，一些现代数学的重要内容（如统计初步）已在初中代数中进行了渗透，而中学几何依然固守传统欧几里德几何的阵地。分形几何作为一种研究不规则图形和现象的非欧几里得几何，若能在平面几何中适当渗透，不仅仅扩大了现代数学在初中数学中的辐射面，更重要的是完成了其向初中数学所有科学实验课领域的延伸。

（二）有助于开拓学生的数学视野，培养创新思维能力

当今世界激烈的综合国力竞争，迫使我们把培养学生的创新思维能力摆到重要的议事日程。数学教育作为学校教育的主阵地，无疑应在完成这一时代赋予的历史重任中挑大梁，《大纲（试用修订版）的颁行已经迈出了坚定稳实的第一步，接下来就是教材怎样来贯彻落实其精神的问题了。我们的学生从小学低年级

起就开始接触规范的几何形体，思维往往容易被禁锢在规范形体的狭小圈子中。如果我们在几何教材中安排一点分形几何的浅显内容，就不仅能激发学生的学习兴趣，开拓学生的数学视野，更有助于学生跳出传统欧氏几何规范形体的羁绊，使思维驰骋于广阔的几何空间，从而撞击出创造的火花。

（三）有利于学生掌握数学思想

随着教育改革的深入发展，人们的教育观念不断更新，数学思想对学生日后的发展起着更为重要的作用，这已得到人们的普遍认同。许多分形图如科契雪花曲线等的构造过程能使学生体会到信息时代至关重要的"递归思想"，而掌握了这种思想方法的公民能在计算机科学高度发达的21世纪终生受益。

二、分形几何进入初中教材的可行性

（一）"病态"几何图形令初中生感兴趣

数学本来就是一门高度抽象的学科，加之我们的教材又注重学科的逻辑体系，所以使处于从形象思维向抽象思维过渡阶段，但仍以形象思维为主的初中学生的一部分因"啃"得吃力而感到索然无味。故在教材中增加一些令中学生感兴趣的美丽的分形图显然很有必要。笔者曾为初中学生撰写了

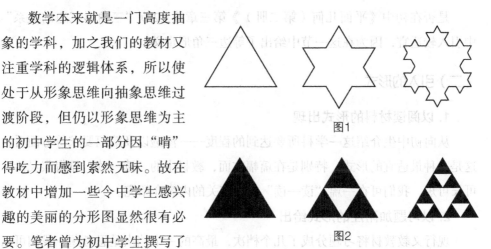

图1

图2

《"病态"几何图形——分形几何的研究对象》一文，文章从当年全国初中数学竞赛试卷中的一道填空题的一组图形（图1）谈起，继而谈到谢尔宾斯基"垫片"（图2），对几种"病态"的几何分形及分形几何学科作了浅显的介绍。事后笔者曾就该文的阅读情况进行了调查，调查在一个乡镇初中初二（2）班进行。收回的43份有效答卷中，有34人认为这篇文章"很有趣"，7人认为"比较有趣"。班主任反映"这样漂亮的图形，打动了少年读者的心，激发起他们的兴

趣和求知的欲望，消除他们头脑中"数学是枯燥无味'的观念"。

（二）渗透初步的分形几何内容不存在知识超纲问题，不超越初中生的接受能力

分形几何虽是理论深奥的数学分支学科，但其一些经典图形如前述科契雪花曲线和谢尔宾斯基"垫片"等却通俗易懂，其知识生长点是等边三角形，所以只要把握好分寸，将之列入教材不存在知识超纲问题，学过等边三角形定义和性质的学生也不致产生理解的困难。在前述调查中，由于图1与图2的一系列图形，都从等边三角形出发，不断实施同一种变换而得出，有39人表示"能看懂"，32人表示"可以自己动手操作"。

三、"分形几何初步"引入初中教材的操作问题

（一）引入的时机

是否在初中《平面几何（第二册）》第三章第3.2节"三角形三边的关系"中引入较适宜，因为在这一节中给出了等边三角形定义。

（二）引入的形式

1. 以阅读材料的形式出现

从向初中生介绍这一学科所要达到的程度——渗透以及篇幅要求等方面看，这是一种最适宜的形式。特别是在篇幅方面，教材中的"读一读"显得很灵活，可长可短，我们可在一篇"读一读"中把有关的内容介绍完。

2. 以习题加附注的形式给出

现行义教教材将习题分成了几个档次，最高的一个档次是思考题，我们可以把这一内容放在思考题与附注中。例如可以这样给：

思考题：将边长为a的等边三角形A1每条边三等分，在中间的线段上向形外作等边三角形，去掉中间这条线段后所得的图形记作A2，对A2重复上述过程，所得图形记作A3，将A3作类似的处理得A4，则A4的周长是_____。（给出这道题时，也给出如图1的几个图形）

在给出这道题的页脚给出脚注：

事实上，这样的变换还可以无限地继续下去，所得的图形称为科契雪花曲线。这是由美籍法国数学家曼德尔波罗特在20世纪70年代创立的一门数学新分支——分形几何的研究对象——一种典型的"病态"几何图形，这样的图形称为分形。这种分形具有局部形态与整体形态的自相似性，典型的几何分形还有谢尔宾斯基"垫片"——将一个等边三角形B_1等分为四个全等的小等边三角形，挖去中间的那个得B_2，对B_2作同样处理得B_3……如果将上面的等边三角形改为正方形，将正方形等分为九个小正方形，挖去中间的一个，并且也不断重复这样的处理，所得的是又一种典型分形——谢尔宾斯基"地毯"。同学们能自己动手试一试吗？

3. 通过探究性活动的形式，让学生构作分形体去体验分形

《大纲(试用修订版)》在教学内容中，新增加了"每学期至少安排一次探究性活动"。探究性活动作为一项新增内容，对教材编写和实施教学都是一个新课题。笔者认为，构作分形体是十分合适的一个材料。因为通过让学生动手操作的方法去体验分形，与《大纲(试用修订版)》强调培养学生的实践能力和创新思维能力的要求是吻合的。

探究性活动：构作分形体。取一张厚薄适中的长方形纸板（比如香烟包装壳），设其较长的一边长为a（图3），将其对折，并沿折痕的中点剪开$\frac{a}{4}$（图4，将剪开的半片（比如左半片）对折起；又沿新、老两条折痕的中点各剪开$\frac{a}{8}$（图5），将剪开的靠左边两个半片对折起；又沿新、老四条折痕的中点各剪开$\frac{a}{16}$（图6），将剪开的靠左边四个半片对折……

这样的过程应该一直可以进行下去，但事实上我们往往会因纸壳厚度的不断增加，剪开口会越来越困难。当我们这样的操作进行若干次时，打开折叠的部分，将其中一部分折痕拉出成直角，另一部分折痕推进也成直角，则可得如图7的一个模型。这个模型是由若干个大小不同的长方

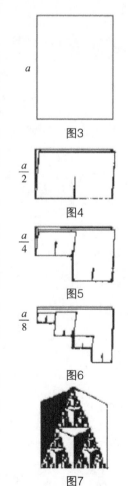

图3

图4

图5

图6

图7

体构成的，是一种分形结构。

分形几何这门学科产生与发展的历史不长，但却因其研究对象是广泛存在的不规则形体和无序现象，因而在几乎所有的社会和自然科学领域得到了广泛的应用，其发展前景是十分诱人的。

像这样让学生动手"做"数学，显然符合当今社会"以学生发展为本"的数学教育新观念，是提高学生的学习兴趣与实践能力的极好形式，将这些内容编入义务教育教材，既能得到初中学生的欢迎，也有利于课程目标的实现。

（本文刊于《中小学教材教学》（北京）2001，5）

英国的海岸线有多长

——走近分形系列之一

　　2003年山东省中考数学试卷有一道试题以我们面生的图形（图1）为背景：

　　这种图形的每一个都是对前一个图形实施同一种操作得到的。这让我们想起1999年全国初中数学竞赛的一道试题中同样出现了这种让人面生的图形（图2），它是将一个等边三角形每边三等分，以中间一份为边向形外作等边三角形后去掉这份，并且将这种操作不断实施下去得到的。

　　令我们关注的是，近年来在一些中等数学竞赛和一些省市的中考数学试题中，若隐若现地不断出现有这类图形的身影。这似乎在向人们昭示：是出于对能力的考查呢，还是对素质教育的倡导，中等考试命题似乎对以这类图形为基本材

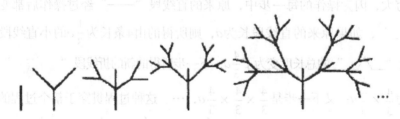

图1

图2

料命制的试题情有独钟。你想知道这是一种什么样的图形吗？那还得从海岸线的长度问题谈起。

海岸线的长度在人们的眼中，是平常得再平常不过的一个问题，然而美籍法国数学家芒德勃罗在1967年的一篇论文中的结论却让人们十分惊讶：英国的海岸线长度是不确定的！它取决于测量时所采用的长度单位，随着长度单位的不断减小，所测得的长度不断增大，以至当长度单位无限小时，测得的长度无穷大！因为海岸线是弯弯曲曲的，选用的单位越小，就有越多的弯曲能被测量到而计入测量结果中（图3），提出这种结论的论文在美国的《科学》杂志上发表后，震撼了整个国际学术界！

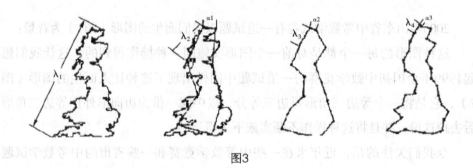

图3

更令人咋舌的是，芒德勃罗不仅提出了上述石破天惊的结论，而且还深刻地研究了上述图2的这种图形，发现它被施以同样操作的过程中，其周长是慢慢趋向于无穷大，因为操作的每一步中，原来的直线段"——"经过操作后都变为了"‿⋀‿"，如果原来的直线段长为a，则所得的由4条长为$\frac{1}{3}a$的小直线段构成的折线段"‿⋀‿"的总长度变为了$\frac{4}{3}a$；下一步所得的新的折线段"⋀✩⋀"的长度就变为$\frac{4}{3} \times \frac{4}{3}a$；又下一步是$\frac{4}{3} \times \frac{4}{3} \times \frac{4}{3}a$，…。这种过程贯穿于整个过程的每一步，它使原来的等边三角形的周长L不断以$\frac{4}{3}$倍递增：$\frac{4}{3}L$，$\left(\frac{4}{3}\right)^2 L$，$\left(\frac{4}{3}\right)^3 L$，…，图形的周长趋向于无穷大是显然的。而它的面积呢，不妨设原来的等边三角形面积为S，经过一步操作后所得图形增加了3个面积为$\frac{1}{9}S$的小等边三角形，面积变为$S+3 \times \frac{1}{9}S$；下一步又增加了3×4个面积为$\frac{1}{27}S$的小等边三角形，面积变为$S+3 \times \frac{1}{9}S+3 \times 4 \times \frac{1}{27}S$；再下一步又增加了$3 \times 4 \times 4$个面积为$\frac{1}{81}S$的小等边三角形，面积变为$S+3 \times \dfrac{1}{9}S+3 \times 4 \times \dfrac{1}{27}S+3 \times 4 \times 4 \times \dfrac{1}{81}S$；…。这里也表现出一种明显的规律性，同学们到高中学过等比数列后，就能计算得这个图形的面积趋向于一个定值$\dfrac{8}{5}S$，就是说，芒德勃罗发现图2这种被人们称为科赫雪花曲线的图形的周长趋于无穷大而面积为定值！而我们过去学过的正方形、圆这类欧氏几何图形的周长与面积并没有这种情况。芒德勃罗独具慧眼，发现这种曾被传统数学家称为"病态数学怪物"的科赫雪花曲线，与海岸线长度、海岛面积有相同的性质，把它当成海岸线的数学模型，以致对海岸线本质的刻画真可谓入木三分！

　　然而，芒德勃罗的贡献远不止于此。自19世纪下半叶起，一些数学家陆续构造出一批类似于科赫雪花曲线的几何图形，它们都具有与圆、正方形等传统欧氏几何图形不同的性质，这在数学界引起了轩然大波，受到传统数学家的贬斥。但芒德勃罗却发现了它们的宝贵价值，把它们纳入了一个新的几何体系中，创建一门如今在许多学科领域得到广泛应用的数学新分支——分形几何，它被美国著名物理学家惠勒称为是21世纪的文化人都必须熟悉的学科。初三的朋友们，你有兴趣随我去遨游这个新的几何世界吗？

（2005年第4期《时代数学学习(八年级)》）

二维平面与三维空间的"数学怪物"

——走近分形系列之二

《英国的海岸线有多长》这篇石破天惊的论文是芒德勃罗在1967年发表的。其实早在1961年，芒德勃罗已经用与科赫雪花曲线同属一类的"病态数学怪物"成功地解决了困扰美国国际商用机器公司（IBM）工程师们多时的实际问题——如何消除计算机通信线路中的噪音问题。

芒德勃罗是1958年受聘到IBM公司工作的。开始他是研究商品价格，后来一个使公司的工程师们头痛的通信线路噪音问题引起他的关注。开始工程师们想了许多办法来消除噪音的干扰，其中一种是加强线路的信号来淹没噪音，但效果不理想，有时甚至把一些有用的信号也抹掉，致使传输的信号失真。为了解决这个问题，芒德勃罗试图先把观察到的模式精确地描述出来。噪音在通信线路中是如何分布的？他想起1883年德国数学家康托尔构造了这样一种奇异集合：取一条长度为1的直线段E_0，将它三等分，去掉中间一段，剩下两段记为E_1，将剩下的两段再分别三等分，各去掉中间一段，剩下更短的四段记为E_2……将这样的操作一直继续下去，直至无穷，就会得到一个离散的点集F（图1），人们称它为康托尔三分集。

在康托尔三分集的构造过程中，如果每一步都用掷骰子的方法来选择子区间的长度，就会得到一种很不规则的随机康托尔集（图2）。芒德勃罗正是看中了这种在构造中掺进了随机因素的集合，因为噪声的出现正是随机的。他把一天24小时分成若干段（注意这若干段的长度因是随机选择因而可等可不等），去掉完全无噪声的一段；再将剩下的有噪音的各段又分别分成若干段，又各去掉无噪声的那些段……（图3），一直下去，所得到的最终图形就是对噪声分布的精确描

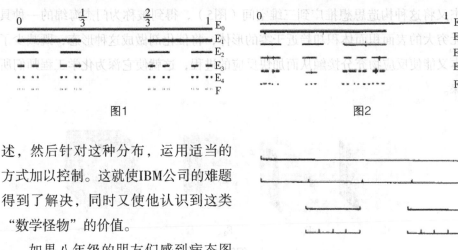

图1　　　　　　　　　　　　图2

　　述，然后针对这种分布，运用适当的
方式加以控制。这就使IBM公司的难题
得到了解决，同时又使他认识到这类
"数学怪物"的价值。

　　如果八年级的朋友们感到病态图
形的这种应用离我们太远，我们就举
个近似的例子。九年级将开设一门叫

图3

化学的新学科，它研究的是物质与物质之间在一定条件下相互作用的问题。比如
说钢铁在空气中会生锈就属于这样一类作用，我们称为化学反应。与一块表面非
常平整光滑的钢铁相比，一块表面粗糙的钢铁显然会因其凹凸不平而与空气接触
的面积更大，因而更容易在空气中被锈蚀。这种状况也被人们反其道而行之：在
化学产品的生产过程中，有时会加入一种催化剂去加快生产过程中反应物之间反
应的速度，而这种催化剂的表面积越大，就能使两种反应物越充分地接触，使得
加快反应速度的催化效果更好，产量也就更高。这就让一种叫门杰海绵的"数学
怪物"派上了用场。它开始是波兰数学家谢尔宾斯基在1915—1916年构造的一种
"垫片"，这种"垫片"是把康托尔三分集的构造思想推广到二维平面：设E_0是
边长为1的等边三角形区域，将它等分成四个小等边三角形，去掉中间一个的内
心而留下它的边得E_1，对E_1的每个小等边三角形进行相同的操作得E_2……这样的
操作不断继续下去，直到无穷，所得图形F称为谢尔宾斯基"垫片"（图4）。而

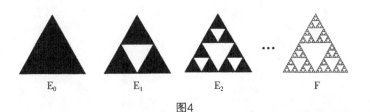

E_0　　　　E_1　　　　E_2　　…　　F

图4

门杰又将这种构造思想推广到三维空间（图5），得到被称为门杰海绵的一种具有无穷大的表面积而体积却趋近于零的形体，将催化剂做成这种形态，既减少了成本又能使反应物充分接触从而加快反应的进程，这就使它深为化学工程师们所青睐。

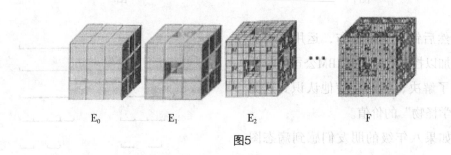

图5

看来这类数学怪物的作用还真不小呢。

（2005年第5期《时代数学学习（八年级）》）

分形的性质与作图

——走近分形系列之三

在前面两篇文章中，我们已经给朋友们介绍了四种经典分形，并且简略地阐述过它们在理论或实践中的应用。或许大家仍会感到它们很遥远，那我们不妨就近来聊聊吧。

图1是被称为羊齿草的一种蕨类植物，在江南也俗称"野鸡尾"，因为它的形状确实象山鸡的尾巴。我们用椭圆圈出两部分，如果让你比较一下后用一个词来描述，相信不少的同学都会脱口而出：相似!好眼力!你一语道出了前述科赫曲线等几种经典分形的共同特征。在图2中圈出了科赫曲线从小到大的几个层次的相似部分，你能类似地圈出我们聊过的另外三种经典分形：康托尔三分集、谢尔宾斯基"垫片"、门杰"海绵"相似性的几个层次吗?

在芒德勃罗构建的分形理论中，这种自身的一部分与自身整体的相似性被称为自相似性，这是处理分形问题的基本原理，它被广泛地应用于各领域的理论研究和实践中，我们也不妨来看两个例子。

图1

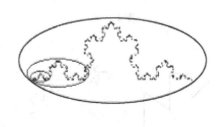

图2

图3(1)是一棵玉米植株，它的玉米棒长在植株的中下部，根据生物部分与整体的自相似原理，取中下部的玉米籽粒作种子（图3(2)），比取用其他部位的产量要高，山东大学生物学家张颖清教授实验结果表明可增产35.47%；高粱的果穗长在植株的顶部，根据同一原理，用果穗顶部的籽粒作种子比用基部的增产15%。

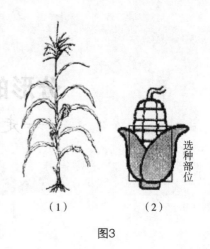

（1）　　　　（2）

图3

事实上，类似于图1蕨类植物的这种形状的自相似性存在于自然界的许多生物与自然场景中，象夹竹桃的叶子，小麦的根系，河道流域水系的分布等。这就启发分形专家利用这种自相似性在计算机上模拟出许多美丽的图画。图4是齐东旭先生模拟徐悲鸿的名画《马》，图5是王方石先生用L系统生成的花枝。这里讲到的L系统是利用分形原理模拟自然景物的一种有效方法，它的基本思想并不难理解，图6云朵的生成过程给出了它的形象解释。可以看到从生成的第二步起的第一步操作中，都是对前一步中所有的直线段用一种折线组合体去替换。在整个过程中，这种折线组合体随直线段的不断缩短而一步步按相同的比例缩小，越来越弯曲从而越来越逼真。由于构成折线组合体的直线段有两个要素：方向与长度，当我们

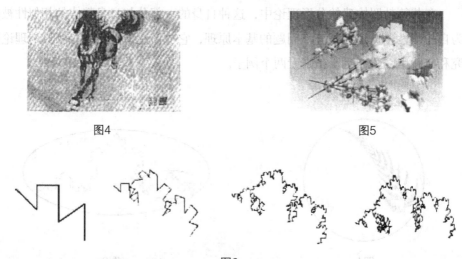

图4　　　　　　　　　　　　　图5

图6

把这种方向与长度都用字符表示出来的话,那么这种折线组合体就可以用字符串表示出来。例如科赫曲线在生成过程中,每一步都是用"＿／＼＿"(生成元)去替换前一步中直线段"——",由于"＿／＼＿"由四条具有相同长度(不妨用c来表示)的小直线段组成,其中水平方向的两条是从一点向右画长度为c的线段得到,倾斜的第一条是接着原来水平方向一条的向右方向按逆时针方向旋转60°后再画长度为c的线段得到,我们用a来表示这种角的旋转,因而表示画这条线的字符串是ac;倾斜的另一条是在得到前一条倾斜线段后再按顺时针方向旋转120°,即旋转两个60°后再画长度为c的线段得到,我们用bb来表示这种角的旋转,用c来表示画线动作,则画这条线段可用字符串bbc来表示。所以把画线的初始方向设定为向右方向时,"＿／＼＿"的画线过程就可用字符串"cacbbcac"来表示(注意:最后一条水平直线段是在画完第二条倾斜线段后画的,所以必须把画线方向又按逆时针方向旋转60°才变为向右的水平方向,故应有表示改变方向的字母a)。这样,"＿／＼＿"的画线动作就用字符串表示出来了。在下一步作图中由于是对每一条小直线段施行相同的画线动作,所以表示这一画线动作的字符串也相同,而画线动作是一步比一步多,所以字符串也一步比一步长。把它编成程序让计算机去执行,就能生成我们需要的分形图形,不少令人叹为观止的漂亮的自然图景正是用这种方法在计算机上生成的。你有兴趣进一步探究吗?

(2005年第6期《时代数学学习(八年级)》)

分数维与"宝葫芦"

——走近分形系列之四

在传统的欧氏几何中，我们常讲某条线段有多长，某个三角形面积有多大，某长方体体积有多大，这就是说我们是用长度、面积、体积等欧氏测度来对线段、平面和立体图形进行数学描述的。但前面我们看到，用不同的长度单位去测量同一条海岸线时，会得出不同的结果，这就告诉我们不能用长度这类欧氏测度来度量分形。那么，用什么测度来给出分形的数学描述呢？让我们从已有的经验和知识谈起吧。

我们生活在一个具有长度、宽度和高度的三维世界中，平面是二维的，直线是一维的，点呢？当然是0维的了。俄国沙雷金教授新编的《直观几何》中的一组概略图（图1）形象地表明了这一点，它可以这样来诠释：有长、宽、高的立方体是从互相垂直的三个方向上去占据空间的，而且是没有间断地去占据的，因而是三维的；正方形是从互相垂直的两个方向上不间断地去占据空间的，因而是二维的；自然直线是一维的；而点，却孤立地在原地踏步，没有从任何一个方向上去占据空间，其维数为0，也就无可非议了。必须注意的是立方体和正方形都

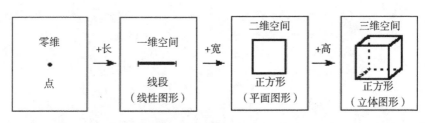

图1

是实心的，而不仅仅是一个外壳或边框，线段也是由连续不断的点构成的。

在系列之二中我们谈到过"百孔千疮"的门杰海绵，它是由一个立方体不断地挖去了一些小立方体的内心而留下了表面所形成的，显然从占据空间的规模上，比实心的立方体要小，但由于它仍是从三个方向上去占据空间的，并且还留有许许多多小立方体的表面，所以其占据的规模比从两个方向占据空间的二维正方形要大，这样我们就可将之放置在立方体与正方形之间（图2～图3），形象地表示出它具有的维数范围是2<D<3。这意味着门杰海绵作为一种分形，它的维数不是一个整数，而是一个分数，正是在这个意义上，相对于立方体、正方形一类"整形"，分形专家把门杰海绵、科赫曲线一类形体称为分形。按同样的理解，我们把康托尔三分集、科赫曲线分别放置在点与线段、线段与正方形之间（图2-1、图2-2），形象地表示出它们维数的范围分别是0<D<1、1<D<2。等学过对数知识后，就能用一种图形相似的方法计算出康托尔三分集、科赫曲线、门杰海绵的分数维分别为0.6309，1.2618，2.7268。

侃了几个月天南地北，领大家涉足了一个新的几何天地，这个新天地的开山祖是美籍法国数学家伯努瓦·B.芒德勃罗，他1924年12月出生于波兰华沙一个立陶宛犹太人的家庭，受过良好的高等教育，获得了工程硕士和数学科学博士学位，是一位著名的博物学家。在对海岸线长度的研究中，他敏锐地认识到长度、面积、体积等测度单位对海岸线长度一类不规则的几何形体的刻画无效，而在不同的测度单位下总保持不变的维数却能对它们做出较为准确的描述，分形的概念从这里萌芽生长。他揉合拉丁文和英文中具有破碎、断裂和分数意义的几个单词，构造出fractal（分形）这个今天已为众多学术界人士所熟悉，并激发了他们巨大兴趣的词汇，于20世纪70年代中期创立了专门处理那些不规则形体的分形几何学，而今天以他的名字命名的Mandelbrot集（图3），一个被人们称为"宝葫

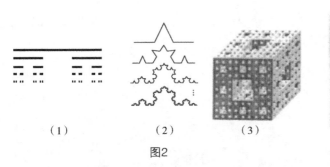

（1）　　　　（2）　　　　（3）

图2

图3

芦"的，人类有史以来最奇异、最瑰丽的几何图表，则已成为分形的标志物。

在本系列文章行将结束时，我要给朋友们传递的一个信息是，"海岸线和分形"作为数学文化的一个选题，它已出现在即将实施的高中数学新课标中，这无疑是有趣的分形知识进入中学课程的一个先声。

（2005年第7~8期《时代数学学习（八年级）》）

分形几何的创立与维数观念的拓展

1. 维数观念的历史回顾

维数观念的起源可以上溯到古希腊时代。公元前4世纪，古希腊哲学家亚里士多德在其《论天》中说："直线在一个方向上有大小，平面在两个方向上有大小，而立体在三个方向上有大小[1]"。公元前3世纪，欧几里得在《几何原本》中也给出了维数另一种形式的描述："曲面有两个量度，曲线有一个量度，点连一个量度也没有。"后来，这种在直觉与经验基础上形成的维数观念，使人们最终把维数通俗地定义为：描述空间中一点的位置所需要的独立坐标数目或连续参数的最小数目[2]。这就是欧几里得维数，人们也把这种维数称为经验维数。在这种维数观中，维数是整数，而且是不大于3的整数。亚里士多德就曾断言：没有一种（维数）大小能超过三，因为没有比三维更多的。这种维数观一直维持了两千多年，一直到19世纪初还占统治地位[3]。

在18世纪，随着物理学的发展，把时间和空间置于同等地位的观念为人们所接受，时间被看作第4维，从而建立了4维空间的概念。这是两千多年来维数观念的第一次拓展，它开了维数观念拓展的先河，但它却是在分析力学里实现的，并且n维势也出现在物理学的位势理论中。但在数学界，高于3维的几何学19世纪初还是被拒绝的，因为这时人们还把几何空间与自然空间完全等同看待。后来随着虚数等一些没有或很少有直接物理意义的概念被引进，数学家们才终于摆脱"数学是真实现象的描述"的观念，逐渐走上纯概念的研究方式，使n维几何学于1850年以后被数学界所接受，从而终于在几何学领域完成了维数从3维向n维的拓展[4]。

2.传统维数观念的危机

19世纪末期，具有经验性质的以最少坐标个数定义的欧几里得维数观念受到挑战：1890年，意大利数学家皮亚诺（G. Peano）从一条线段出发，经过反复进行的同一种几何变换，构造出一条符合当时人们认可的约当曲线条件的曲线（图1），它有一个非常奇特的行为：能跑遍正方形上所有的点，每个点至少被经过一次，这就引起人们对维数问题的思考。过去，人们一向认为正方形的维数是2，曲线的维数是1，但现在能"填满"整个正方形的皮亚诺曲线说明2维的正方形可以作为1维曲线的映像。那么，正方形是1维的还是2维的？[4]人们又注意到，康托尔（Cantor）在此前也证明了线段[0，1]不仅与单位正方形可以建立一一对应，而且与单位立方体，甚至与n维欧氏空间中的单位超立方体都能建立一一

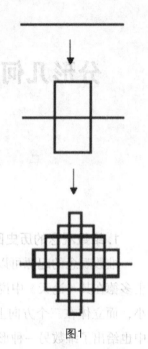

图1

对应。这就使人们认识到传统的维数概念是含混不清的，是不严格的。尤其是20世纪初，随着处理抽象空间的拓扑学的发展，维数的严格定义显得更有必要了，人们开始重新思考维数的性质及其具有的意义，维数研究的帷幕揭开了[5]。

3.拓扑维数概念的确立

法国数学家庞加莱首先注意到维数概念的精确定义并对它作了更深刻的分析。他在1912年就指出：直线是1维的，在直线上任意标出一个点（零维），就把直线分成两段，一只蚂蚁要从一段进入另一段就必须接触这个点，这就意味着可以用零维的点把1维直线的任意两个点分开；平面是2维的，平面上任两个点可以用一条封闭曲线（1维）将它们分开，而三维立体上任意两点，用1维的封闭曲线无法将它们分开却可以用2维的封闭曲面将它们分开。这就意味着维数具有归纳性质：一个空间（直线、平面、立体等），如果（n–1）维子集可以把它上面任意两个点分开，而更低维数的子集却不能分开，这个空间就是n维的。基于这种归纳的想法，1913年，布劳威尔（以及稍后的切赫）最早给出了维数的严格定义，即大归纳维数；门杰和乌雷松将上述思想局部化后，得到了另一种维数，即小归纳维数[6]。其定义可通俗地表述为：规定空集的维数为1。称图形X是0维

的，如果其中不存在包含多于一点的连通图形。归纳地，若已定义$n-1$维或更低维的图形，则n维图形就定义为：它不是$n-1$维或更低维的，但可以用$n-1$维或更低维的图形把其中任意点及其邻近点同图形的其余部分分割开。人们把它称为拓扑维数。它是拓扑不变量，即在拓扑变换之下保持不变。拓扑维数可以解决皮亚诺曲线的疑难，因为用0维的点不能将可以填满正方形区域的皮亚诺曲线上任意一点和其他部分分开，而用1维的曲线却能分开，所以它的拓扑维数为2[7]。

4. 豪斯多夫的连续空间概念和分数维数

拓扑维数是20世纪初期给出的多种维数定义中最重要的一种。除它以外，豪斯多夫维数是另一种最重要的维数。豪斯多夫1919年提出了连续空间概念，他认为，空间是连续的，从而空间的维数不是跃变的，它可以连续变化，既可以是整数，也可以是分数。为了确定空间的维数，他提出了豪斯多夫测度，其基本思想是：设A为d维欧氏空间的一个子集，S为非负实数。为测量A，用直径不大于δ（$\delta > 0$）的球来覆盖A，作为S维尺度下对A的测量的一个近似。我们对这些球的直经的S次幂求和。为使覆盖中球的相互重叠尽可能减少而覆盖最经济，要取所有这些求和的下确界。显然，随δ的减小，测量趋于精确。这个下确界在$\delta \to 0$时的极限被称为A的S维豪斯多夫测度。对于任意一个d维欧氏空间的子集A，总存在唯一一个非负实数dH，当$S < dH$时，A的S维测度等于无穷大；当$S > dH$时，A的S维测度等于零。值dH就称为A的豪斯多夫维数。这就表明，dH是测量集合A的一个合适的尺度。若所用尺度大于它，则过于粗，反之则过于细。这样豪斯多夫就通过覆盖的方式将传统的整数维数拓展为分数维数[8]。

或许以下的叙述会帮助我们更直观地理解维数从整数向分数的拓展：将一个2维的单位正方形边长放大2倍，则所得正方形放大4倍，可表示为$2^2 = 4$；边长放大3倍，则所得正方形放大9倍，可表示为$3^2 = 9$。将一个3维的单位立方体棱长放大2倍，则所得立方体放大8倍，可表示为$2^3 = 8$；棱长放大3倍，则所得立方体放大27倍，可表示为$3^3 = 27$。注意到四个数学式中的指数正好是几何形体的维数，因此可归纳出一般的情况：对一个dH维的几何对象，将它的每条棱边长放大L倍，若这几何对象相应放大K倍，则有$L^{dH} = K$，对此式两边取对数得$dH = \ln K / \ln L$，显然dH的值不一定为整数[9]。这样求得的维数称为相似维数，它主要用于求具有严格自相似性的一类研究对象——康托尔三分集等的维数，这类对象是数学家们思想的自由创造物，后来被称为分形。

5. 英国的海岸线有多长——分数维价值的揭示

分数维（Fractal dimension）概念提出后的半个世纪中，一直未能显示出其巨大的价值。1967年，美籍法国数学家伯努瓦·B.芒德勃罗（Benoit B.Mandelbrot）在国际权威的美国《科学》杂志上发表了著名的学术论文：《英国的海岸线有多长——统计自相似性与分数维数》，论文得出的结论令人们大吃一惊：英国的海岸线长度是不确定的！它随测量尺度的减小而增大，因而欧氏几何的长度和面积等不是它合适的特征量，而分数维数却能很好地刻画它的不规则性，或者说复杂程度，因而分数维可以作为海岸线的量化表征[10]。这就使半个世纪以来分数维第一次被人们刮目相看。人们没有想到，沉寂了半个世纪的分数维，竟然在20世纪末期的二三十年中，引起科学界那样强烈的关注。

1975年，芒德勃罗出版了他多年潜心研究的学术成果：《分形对象：形、机遇和维数》。这部专著的出版，标志一门崭新的数学分支——分形几何学的诞生。在这部专著里，芒德勃罗把自1872年诞生的维尔斯特拉斯函数以来的一组"病态"的"数学怪物"统一到一个崭新的几何体系中，让这些传统数学的反例摆正了位置，成为这门新几何学的主角，并且将它们称为分形（fractal）。他在论著中指出，对这些称为分形的几何对象，只有分数维才是它的合适的量化表征。并且说它们是大自然的抽象，它们广泛存在于自然界和社会系统中。这就使分数维在描述客观世界中具有了普遍性意义[11]。特别是20世纪80年代创立的混沌学中的混沌吸引子，其空间结构是分形集，因而分数维成为刻画混沌吸引子的重要特征量，这就使分形几何作为混沌学重要的数学工具引起各领域科学家的广泛重视[12]。

6. 维数向分数拓展的意义

科学史告诉我们，维数作为刻画几何图形的一个特征量，是科学研究的一种有力工具。维数从3维拓展为n维，对科学研究特别是物理学研究的贡献是有目共睹的，而分形几何推动维数从整数向分数的实质性拓展，其意义较前一次从3维向n维拓展是有过之而无不及的：

（1）世界在本质上是非线性的，而分形是非线性特征的几何表现[13]，是自然界和人类社会大量的不规则客体的数学模型。分数维作为刻画分形的特征量，能对客体的非线性特征较精确地描述，因而被用于刻画具有无穷层次自相似结构的混沌吸引子，成为混沌学主要的数学工具[14]。从一定意义上说，分数维在现代科学的发展由线性向非线性迈进的历史性转折中起了重大的促进作用。

（2）维数作为刻画图形占领空间规模和复杂程度的特征量，在拓扑维阶段是粗糙的。例如在拓扑维等于1的圆锥曲线和拓扑维等于2的皮亚诺曲线之间，还有许许多多的曲线，它们的复杂程度和占据空间的规模却大不相同，但只要没有填充一个邻域，按乌雷松的定义，它们的拓扑维数都是1。豪斯多夫维数为1.2618的科赫曲线就是这样的例子。所以用拓扑维作为尺度去刻画图形的整体复杂性和占领空间规模显然失之太粗[15]。分数维的引入使人们对图形这类特征刻画的精确度提高到一个新的水平。从而维数作为描述图形性质的工具，其功能大大增强。

（3）分数维被芒德勃罗成功地运用于对分形刻画，鼓励人们对划分集合层次精确度的追求。豪斯多夫维数对一般分形对象刻画的精确度比拓扑维数提高了一个数量级，但对维尔斯特拉斯函数却无效（该函数的拓扑维数和豪斯多夫维数都为1），促使人们去引进更"细"类型的维数。在理论及应用上均有重要意义的闵可夫斯基维数就是一个例子，豪斯多夫维数不能区分的平面上的螺线 $r = (1-q)^{-1}$ 和 $r = (\log(2+q))^{-1}$，闵可夫斯基维数就能区分（它们的豪斯多夫维数相同而闵可夫斯基维数却不同）[16]。说明闵可夫斯基维数比豪斯多夫维数更精确。而施坦因豪斯维数在很多情况下比闵可夫斯基维数更细[17]。

参考文献

[1]、[3]、[4]、[5]、[12] 林夏水. 分形的哲学漫步[M]. 北京: 首都师范大学出版社, 1999.

[2]、[7]、[13]、[15]汪富泉, 李后强. 分形——大自然的艺术构造[M]. 济南: 山东教育出版社, 1996.

[6] 中国大百科全书总编辑委员会. 中国大百科全书（数学卷）[M]. 北京: 中国大百科全书出版社, 1992.

[8]、[16]、[17] 文志英. 分形几何的数学基础[M]. 上海: 上海科技教育出版社, 2000.

[9] 孙博文. 维数的性质及其哲学意义[J]. 自然辩证法研究, 1994, 10(11): 34–37.

[10] 林鸿溢, 李映雪. 分形论——奇异性探索[M]. 北京: 北京理工大学出版社, 1992.

[11] 齐东旭. 分形的计算机生成[M]. 北京: 科学出版社, 1994.

[14] 郝柏林. 分形和分维[J]. 科学, 1986, 38(1): 9–17.

迭代，与计算机共创辉煌

从著名的角谷游戏谈起

在二战期间，美国一个叫叙古拉的小镇上流传着一种数字游戏；任取一个自然数，若是偶数则除以2；若是奇数则乘以3后加上1。反复重复这种运算，经有限步后的结果必是1。

我们来试试：取自然数6，则6÷2=3，3×3+1=10，10÷2=5，5×3+1=16，16÷2=8，8÷2=4，4÷2=2，2÷2=1；取自然数13，则13×3+1=40，40÷2=20，20÷2=10，10÷2=5，5×3+1=16，16÷2=8，8÷2=4，4÷2=2，2÷2=1。有人用计算机对1~7×1011的所有整数进行了核验，无一例外。

这个游戏后来传到欧洲，在那里风靡一时。尔后又被日本人角谷带回了日本，在日本广为流传，被称为角谷游戏（数学书上也称为角谷猜想或卡布列克猜想）。

这里我们感兴趣的不是运算结果掉入了一个"数字黑洞"，而是这种按同样规则进行的重复操作。这是一种十分有用的数学方法，叫作"迭代"。在计算机科学迅猛发展的今天，这种数学方法表现出越来越大的威力。

计算机屏幕上的电子雨

先来做一次绘图游戏：

在纸上任取三点A、B、C，再任取第四点Z_1。取来一枚硬币投掷，当它落下呈正面时，则描出Z_1与A的中点；若呈反面时，则描出Z_1与B的中点；若它侧立（尽管这种可能性极小，但不能排除），则描出Z_1与C的中点。无论哪种情况描出的中点都记为Z_2。然后按同样规则大量重复操作，相继描出中点Z_3、Z_4…

显然，这个游戏可以一直进行下去，其实质就是一个迭代过程。只是用削尖的铅笔在纸上手工描出几百个点难以做得比较精确，从而较难得到一个准确的图形。但计算机却能帮我们很大的忙，只要编好程序在计算机上模拟这一过程就行。计算机计算中点数据并在屏幕上打出这些点的速度是很快的，就像在下着一阵微型电子雨。这些雨点会是一个什么状态呢？会杂乱无章吗？右边从上至下的三个图分别是迭代次数为4000、8000、16000时屏幕上显示的图形。你会惊奇地发现，渐渐清晰起来的竟是我们曾经介绍过的"病态"几何图形——谢尔宾斯基垫片！

迭代，使计算机绘图前景诱人

自芒德勃罗创立分形几何以来，计算机图形学得到飞速的发展，数学与艺术可谓是珠璧联辉：千姿百态的自然景观借助迭代用计算机得以模拟；世界名画《蒙娜丽莎》和徐悲鸿的《奔马图》借助迭代用计算机得以复制，而且效果几可乱真！ 这些事实在显示出分形几何有广泛应用的同时，也显示出迭代这一数学方法使计算机绘图前景诱人。

［本文刊于《初中生之友（初三版）》（南昌）2001，7~8］

现代信息技术引领学生步入分形几何殿堂

分形几何是研究不规则图形和现象的新兴数学分支，是描述复杂形态的一种新型几何语言。它给现代科学技术提供了新思想、新方法，已成为当代科学最有影响和感召力的基本概念之一，其深远的理论意义和巨大的实用价值在众多学科领域日益凸显。正在拟订中新的国家《高中数学课程标准》将它纳入"数学A"第四类数学前沿介绍专题，可见对分形几何的高度重视。然而，分形几何的难度也是较大的，高中学生对它既向往又担心难学好。如何突破教学难点，消除学生的畏惧心理？通过实验，我们认为，最佳策略就是运用现代信息技术引领学生步入分形几何殿堂！

策略一　引导学生进入分形几何网站，享受分形美

学生在教师指导下通过搜索引擎查询到分形几何网站：

1. 分形几何

分形几何的产生。客观自然界中许多事物，具有自相似的"层次"结构，在理想情况下，甚至具有无穷层次。适当地放大或缩小几何尺寸，整个结构并不改变。不少复杂的物理现象，背后就是反映着这类层次结构的分形几何学……

www.ikepu.com.cn/maths/maths_branch/fractal_geometry.htm

2. 分形频道

分形论坛。分形入门……分形时间。分形几何。（图形的维数问题，棉花价格的波动与自相似性。从海岸线长度看维数问题，分形——真实还是想象？英国

的海岸线有多长？）分形艺术……

fractal. com. cn/

3.《数学城堡》分形几何

小小的雪花竟然有这么多学问。现在已经有了一个专门的数学学科来研究像雪花这样的图形，这就是20世纪70年代由美国计算机专家芒德勃罗创立的分形几何。所谓分形几何就是……

www. cbe21. com/xueke/math/student/chengbao/fengxingjihe/0001. htm

4. 数学教育网

分形几何。（普通几何学研究的对象，一般都具有整数的维数。比如，零维的点、一维的线、二维的面、三维的立体，乃至四维的时空。最近十几年里，产生了新兴的分形几何学，空间具有不一定是整数的维，而存在一个分数维数……）

www. mathsedu. net/luo/mei/fxwz/no4. htm

5. 业余数学天地——分形欣赏

分形一词，是B. B. Mandelbrot于1975年夏天一个寂静的夜晚，在冥思苦想之余翻看儿子的拉丁文字典时想到的，其拉丁文的原意是"产生无规则的碎片"。分形几何的一个性质叫作自相似性。请看如下的几个图形，它叫作科赫雪花曲线……

extend. hk. hi. cn/~zzm/fractals. htm – 15k

6. 研发隧道

从分形几何产生的分形艺术乃是天然的艺术，正如分形几何被誉为大自然的几何学……。北京本来衣裳店的初期广告是——本来衣裳……

www. indranets. com/03–yanfa/08–yishang/

学生体会到：分形图体现出许多传统美学的标准：平衡、和谐、对称等，但更多的是超越这些标准的新的表现。比如，分形图中的平衡，是一种动态的平衡，一种画面各个部分在变化过程中相互制约的平衡；分形图的和谐是一种数学上的和谐，每一个形状的变化、每一块颜色的过渡都是一种自然的流动，毫无生硬之感；而最特别的是分形的对称，它既不是左右对称也不是上下对称，而是画面的局部与更大范围的局部的对称，或说局部与整体的对称。在分形图中更多的是分叉、缠绕、不规整的边缘和丰富的变换，它给我们一种纯真的追求野性的美感，一种未开化的、未驯养过的天然情趣。信息理论的心理学和美学指出，和谐的布局、平衡、对称等在信息论意义上的所有有序的原理，都是使艺术作品容易理解而令人有清晰印象的效果的原因。但是现代艺术的研究指出，只求满足美的经典定义并不能产生真正的艺术作品，一件真正的艺术作品还要能激发兴趣，启迪深思。显然，这些刺激源自"创新"，也就是我们视觉器官看到新的以往没有过的现象时的一种感觉。从这个意义上说，分形几何理论的提出和播散，正在形成一种新的审美理想和一种新的审美情趣。

策略二 指导学生运用"高中数学虚拟实验室"中的软件制作分形图

（一）利用现代信息技术与高中数学课程整合教学平台系统（包括"几何画板""Z+Z智能知识平台""图形计算器"等）制作分形图

1. 用《几何画板》生成Koch曲线

（1）打开一个新的绘图窗口，再打开一个记录窗口，并将记录窗口和绘图窗口并排放置，在记录窗口中按录制按钮进行记录。

（2）用线段工具作一条水平线段AB，选择左端点A，双击，标记为中心。选择右端点B，从变换菜单中选择缩放命令，弹出对话框，在"[新]"框条中输入"1"，在"[旧]"框条中输入"3"，按确定，得点D。选择点B，返回缩放对话框，在"[新]"框条中输入"2"，按确定，得点C。

（3）选择线段AB，单击"显示"菜单下的"隐藏线段"命令，隐去线段AB。用线段工具分别连接点A、D，点C、B，得线段AD、CB。

（4）选择点D，双击，标记为旋转中心，选择点C，单击"变换"菜单中的"旋转"命令，弹出对话框，输入"60"，按下确定，得点E，用线段工具连接DE、CE。

（5）①选择点A，按下Shift键，选择点D，在记录对话框中单击"循环"按钮；②同样，依次选择点D、E，点E、C，点C、B，并分别执行"循环"命令。选择点A、B、C、D、E，单击"显示"菜单下的"隐去点"命令隐去A、B、C、D、E，在记录对话框中按下停止。

（6）打开一个新绘图窗口，作一个点，按下Shift键，在水平线上再作第二个点，按下记录对话框中的"快进"键，弹出对话框，若"深度"选择"1"，单击确定，则得2级Koch曲线（图1）；若"深度"选择"2""3"，则分别得3级Koch曲线（图2）、4级Koch曲线（图3）。

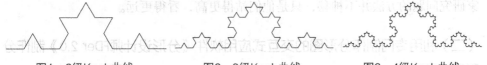

图1　2级Koch曲线　　　　图2　3级Koch曲线　　　　图3　4级Koch曲线

2. 用《几何画板》生成Sierpinski垫片

（1）同步骤1.1

（2）用线段工具作一条水平线段AB，双击左端点A，标记A为中心，选择点B，从变换菜单中选择旋转命令，弹出对话框，输入"60"，按下"确定"，得点C。用线段工具连接点A、C，点C、B。

（3）选择线段AB，单击"作图"菜单中的"中点"命令作出线段AB的中点D；用同样的方法，作出线段AC、BC的中点E、F。用线段工具作出线段DE、EF、DF。同时选择点D、E、F，单击"作图"菜单中的"多边形内部"命令填充三角形DEF内部。

（4）选择点C，按住Shift键，选择点E，在记录对话框中按下"循环"；用同样的方法，处理点A、D，点B、F。按下Shift键，选择点A、B、C、D、E、F，单击"显示"菜单中的"隐藏点"命令，隐去点A、B、C、D、E、F，在记录对话框中按下"停止"。

（5）打开一个新的绘图窗口，作点A，按住Shift键，在水平线上作点B，按下记录对话框中的"快进"键，弹出对话框，若"深度"选择"1"，单击确定，则得2级Sierpinski垫片（图4）；若"深度"选择"2""3"，则分别得3级Sierpinski垫片（图5）、4级Sierpinski垫片（图6）。

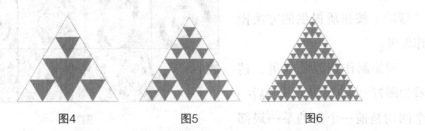

图4　　　　　　图5　　　　　　图6

用类似的方法，可以用《几何画板》生成各级Sierpinski垫片，试试看！

教学实践表明，用《几何画板》生成分形树、Koch曲线、Koch雪花、Sierpinski垫片等分形图形至少有以下几个好处：①可以看到动态的生成过程；②作图速度快，作图准确；③可以将各级分形图形加以比较。学生由衷地说：科学家研究问题的方法并不神秘，只是他们站得更高，看得更远。

（二）利用专门制作分形图的交互式应用软件《分形设计师FDer 2.0》制作分形图

FDer 2.0是一套面向未来的全新概念的图案设计系统。本系统是国内第一个交互式设计分形图案的软件系统，使用者不必具有分形几何学方面的知识，便可轻松绘制出分形图案来。

FDer 2.0主要特点

（1）界面友好，使用方便。软件所有编辑功能都以按扭的方式设置在界面上。

（2）功能强大，绘图丰富。软件内设150个分形生成器，以及〈放大〉〈参数〉〈调色〉〈变色〉〈闪烁〉〈色粗化〉〈二值图〉等编辑功能，可生成几千幅风格不同的分形图案。

（3）兼容性强，所生成的图案可被常用图像软件读取。本系统所生成的图案可用〈存盘〉功能存贮。其文件格式为.pcx，文件可方便地被Photoshop等图像处理软件读出，以便进行实用编辑。

FDer 2.0作为一个图案设计软件，用法上尽量强调简单，提示信息完备。事实上，用户只需要按照软件编辑环境中的〈帮助〉按扭所提供的方法操作即可。

例如制作芒德勃罗集，请看如图7产生的过程，其中后一个图均是前一个图的某一局部

图7

放大。

分形图唤起年青人对科学的兴趣。分形几何应用最活跃的领域是在物理学，它们已帮助处理了一些非常古老的难题，也解决了某些崭新的困难问题。芒德勃罗集和其他分形图已出现在T恤衫和招贴画上，许多人希望这将使青年人感受到数学的美丽和富于表现，感受到它们和真实世界之间深奥的关系。

[本文刊于《中国电化教育》（北京）2003，5]

研究性课题：科赫雪花曲线的性质与作图

——分形几何课程实验课例

一、课题说明

1.课题目的

（1）通过参与发现经典分形——科赫雪花曲线异于传统欧氏几何图形的性质："周长无限而面积为定值"的过程，初步体验分形。

（2）初步体会与实践计算机作图的意义和方法；通过在计算机上根据字符串替换算法的程序作出科赫雪花曲线的图形，体会现代信息技术在分形研究中的作用。

2.课题安排

（1）课题安排的时机：等比数列内容讲授之后。

（2）本课题用2个课时，后1课时主要用于计算机作图的实践，由教师指导学生在微机室进行。2个课时的时间间隔尽量短为宜。

二、课题实施

1.第一课时：科赫雪花曲线的性质探讨

（1）课前准备：CZ1206型计算器。

（2）教师指导：隆冬腊月，雪花纷飞。人们常用"雪花六出"来描述雪花的形状，如果要把它画出来，应怎样进行呢？

1904年，瑞典数学家冯·科赫用几何的方法，构作了一种奇怪的折线，其构作方法如图1所示，这样的操作一直进行下去，得到的极限图形人们称它为科赫曲线。

学生操作：把图1的初始图形——边长为1的直线段改为边长为1的正三角形，将同样的操作施于正三角形的每一条边，手工画出后续两步图形（图2）。

教师指导：显然，在正三角形上的这种操作也能一直进行下去，得到的极限图形人们称它为科赫雪花曲线，这就是我们常说的"六出"雪花了。它的形状是很美丽的，但我们关注的绝不仅仅是它美丽的外观，而是它丰富的内涵。

给出1995年我国台湾省高考数学题（图形即图2）。

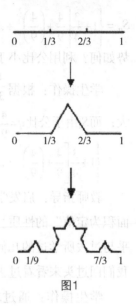

图1

学生操作：在教师指导下求得图2的周长序列与面积序列。

教师巡视、指导：由大家求得的周长和面积序列，我们知道构作科赫雪花曲线过程中第n步图形T_n的周长和面积公式，请在初始正三

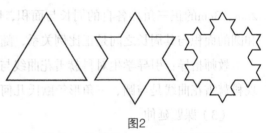

图2

角形边长为1cm的条件下，计算$n = 5$，9，17时，第n步图形的周长L_n与面积S_n的值。

学生操作：用CZ 1206型计算器算得$L_5 = 9.48$cm，$L_9 = 29.97$cm，$L_{17} = 299.32$cm；$S_5 = 0.6827$cm^2，$S_9 = 0.6924$cm^2，$S_{17} = 0.6928$cm^2。

教师指导：由大家计算出的三个L_n值，三个S_n值，可发现T_n的周长和面积随n的增大各显示一种什么趋势？可推知科赫雪花曲线的周长和面积什么结论？

学生通过观察、比较发现"科赫雪花曲线的周长似乎是无穷大，而面积似乎变化不大"的结论。

教师指导：很好，大家发现了一个结论，但这是由有限的几个数据归纳出来的，用的是不完全归纳法，结论尚不可靠，而且也不够明确，我们来作进一步研究。

根据科赫曲线的定义，科赫雪花曲线的周长和面积分别是$L_n = (\frac{4}{3})^{n-1}L$和面积

$S_n = \left\{ 1 + \dfrac{3}{4}\left[\dfrac{4}{9} + \left(\dfrac{4}{9}\right)^2 + \ldots + \left(\dfrac{4}{9}\right)^{n-1}\right] \right\} S$，当$n$取无穷大的值时，从直观上看，$L_n$的趋势如何？利用公比小于1时的等比数列求和公式，你能计算出S_n吗？

学生操作：根据$\dfrac{4}{3} > 1$，从直观上得出当n取无穷大时，$\left(\dfrac{4}{3}\right)^{n-1} \times 3$趋向于无穷大；而$S_n$由于公比$q = \dfrac{4}{9} < 1$，利用$S = \dfrac{a}{1-q}$，可计算得当$n$取无穷大时，

$$\left\{ 1 + \dfrac{3}{4}\left[\dfrac{4}{9} + \left(\dfrac{4}{9}\right)^2 + \ldots + \left(\dfrac{4}{9}\right)^{n-1}\right] \right\} \times \dfrac{\sqrt{3}}{4} \times 1^2 = \dfrac{8}{5} \times \dfrac{\sqrt{3}}{4} \times 1^2 = 0.6928 (cm^2)。$$

教师指导：启发学生从得出的两个值发现"科赫雪花曲线周长趋于无穷大而面积为定值"的性质。至此，学生朦胧地感到这种图形周长与面积关系的结论似乎与过去所学过的几何图形的同类结论相异。抓住这一时机，及时提出新问题：我们回过头来看看过去所学的欧氏几何图形是怎样的情况。

学生操作：通过求半径分别为1cm、2cm、3cm的圆，边长分别为1cm、2cm、3cm的正三角形各自的周长与面积，明确了作为欧氏几何图形的正三角形和圆的面积与其周长之间是正比例关系，随周长的增大面积也增大。

教师指导：引导学生对科赫雪花曲线与圆、三角形的这类性质进行比较，发现科赫雪花曲线是与圆、三角形等欧氏几何图形性质不同的新的几何对象。

（3）课题延伸

教师指导：在冯·科赫构造出科赫曲线的前后二三十年间，德国数学家康托尔、意大利数学家皮亚诺等还构作出一些类似的"妖魔曲线"，使传统数学的观念产生了危机。如一种叫作皮亚诺曲线的图形，作为线，它的维数应该是1维，但却能填充整个平面，因而应与平面的维数——2维相等。它究竟是1维的还是2维的？这在当时引起了轩然大波，它们被贬斥为传统数学"极为个别的""反例"。1967年，美籍法国数学家芒德勃罗在国际权威的美国《科学》杂志发表了"英国的海岸线有多长"的著名论文，精辟地指出海岸线长度是不确定的，会随测量单位的缩小而变得无穷大，他把上述科赫雪花曲线当作海岸线的理想模型，并且把这些"妖魔曲线"有机地组合在一起，于70年代中期创立了分形几何学这门近二三十年已在众多学科领域得到广泛应用的数学新分支，其发展前景十分诱人。以至美国著名物理学家惠勒说："可以相信，明天谁不熟悉分形，谁就不能被认为是科学上的文化人！"

（4）课题作业：以"科赫雪花曲线的周长与面积"为题撰写研究小论文。

2. 第二课时：科赫雪花曲线的计算机生成——字符串替换算法的认识与实践

（1）课前准备：字符串替换算法作科赫雪花曲线的QBASIC程序，学生人首一份。

（2）字符串替换算法介绍。

教师指导：由斐波那契"兔子增殖"问题引出第0~3个月的兔子增殖示意图3。

学生操作：将示意图3按同样方法作至第5个月。

教师指导：增殖示意图3可写成"b→a→ab→aba→abaab→abaababa→…"，这个例子说明了怎样从一个字符出发，依据两条规则"b→a"（字符b用字符a替换），"a→ab"（字符a用字符串ab替换），递归地产生新的字符串。如果我们对每一个字符赋予一定的几何意义，也就是说，让每一个字符都代表一种图

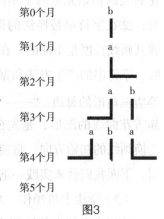

第0个月   b

第1个月

第2个月

第3个月

第4个月

第5个月

图3

形，则不同的字符串就表示不同的图形。另一方面，某些由折线复合而成的图形，其构成有两个要素：画线方向和画线长度，所以当我们约定用不同的字符分别表示不同的画线方向和画线长度时，就既可把一些由折线复合而成的图形用字符串来表示，反之，也可据字符串画出它的图形。例如，当我们约定：a. 沿逆时针方向转一角度 $\frac{\pi}{3}$；b. 沿顺时针方向转一角度 $\frac{\pi}{3}$；c. 从当前点开始沿当前方向画一长度为L的线段，则当初始方向为向右方向时，"cc"的图形就为"——"，该线段的长度为2L；"ac"的图形就为" / "，该线段的长度为L，且与水平向右方向成60° 角；"cb"的图形为"—"，这里看起来字符b在作图中没有体现，但事实上它已经将后续作图的方向改为右偏下60° 角，所以若字符串为"cbc"时，则图形为"⌐"。反之，沿逆时针方向转角度π时，则可视为沿逆时针转 $\frac{\pi}{3}+\frac{\pi}{3}+\frac{\pi}{3}$ 转，从而可用字符串"aaa"表示，而初始方向为向右方向时，图形"_"可用字符串"bcac"表示。

学生操作：填空，在上述约定下：

① 沿顺时针转 $\frac{2\pi}{3}$ 时可用字符串表示为 _____ ；

② 在初始方向为向右方向时，字符串"cac"的图形为 _____ ；

③ 在向右方向为初始方向时，字符串"acbbca"的图形为 _____ ，所夹

的锐角等于 _____ 度。

（答案：① bb；② ╱；③ ╱╲，60）

教师指导：引导学生根据上述约定用字符或字符串表示科赫曲线的初始元"——"与生成元"_╱╲_"。提醒学生注意两个问题：①科赫曲线和科赫雪花曲线的初始元是两个不同的概念，前者为一单位长线段，后者为一等边三角形；②在字符串替换法的作图中，对同一个表示画线长度的字符，在不同的步骤其画线长度是不同的。在此基础上帮助学生掌握用字符串替换算法作科赫曲线时，字符串的产生方法和据之作出图形的过程。由于科赫雪花曲线是科赫曲线在等边三角形的每边"——"上不断实施几何变换"_╱╲_"生成的，所以作科赫雪花曲线的图形，是先在正三角形的一边上实施操作得出一条科赫曲线，再变换画线的初始方向，将前述操作步骤重复两次，完成在正三角形另两边上的作图。下面我们就来实践一下。

（3）学生上机操作

教师将字符串替换算法作科赫雪花曲线的QBASIC程序分发给学生，在教师指导下学生依照程序上机操作，作出科赫雪花曲线图形。

教师指导：事实上，用字符串替换算法作图，可以有不同的约定。例如将旋转的角度改变为 $\frac{\pi}{2}$ 等，著名的皮亚诺曲线和希尔伯特曲线生成的过程中，按顺、逆时针方向旋转的就是这个角度。

想一想：① 在用字符串替换法作图时，所画线段的条数与字符串中表示什么意义的字符个数有关？② 在用字符串替换算法作图时，是不是对字符串中所有的字符都必须进行作图操作？

（4）课题作业：实验教科书本课作业第2题。

参考文献

[1] 林鸿溢, 李映雪. 分形论——奇异性探索[M]. 北京: 北京理工大学出版社, 1992.

[2] 金以文, 鲁世杰. 分形几何原理及其应用[M]. 杭州: 浙江大学出版社, 1998.

[3] 曾文曲, 王向阳, 刘丹. 分形理论与分形的计算机模拟[M]. 沈阳: 东北大学出版社, 1993.

[4] 张奠宙. 关于改革高考制度和数学命题的设想[J]. 数学教学, 1996, 6.

发现·尝试·研究
——分形几何课程实验课例

为了探索分形几何初步进入高中数学课程的可行性，江西省七个地市九所高中（教师进修学校）组成课题组于2002年开展了分形几何课程实验，以下是一所实验校在微机室教学计算机生成分形图时，学生在教师引导下经历的一次发现→尝试→研究的过程。

一、发现

教师组织学生简单复习了《几何画板》作图的有关方法后，学生据"用《几何画板》作谢尔宾斯基垫片"步骤上机操作。教师要求学生在操作步骤5时深度选择"1"，按下"确定"后暂停。

1. 打开一个绘图窗口，再打开一个记录窗口，并将记录窗口和绘图窗口并排放置，在记录窗口中按"录制"按钮进行记录。

2. 用线段工具作一条水平线段 AB，双击左端点 A，标记 A 为中心，选择点 B，从变换菜单中选择"旋转"命令，弹出对话框，输入"60"，按下"确定"，得点 C。用线段工具连接点 A、C，点 C、B。

3. 选择线段 AB，单击"作图"菜单中的"中点"命令作出线段 AB 的中点 D；用同样的方法，作出线段 AC、BC 的中点 E、F。用线段工具作出线段 DE、EF、FD。同时选择点 D、E、F，单击"作图"菜单中的"多边形内部"命令填充三角形 DEF 内部。

4. 选择点 C，按住Shift键，选择点 E，在记录对话框中按下"循环"；用同样的方法，处理点 A、D，点 B、F。按下Shift键，选择点 A、B、C、D、E、F，单击"显示"菜单中的"隐藏点"命令，隐去点 A、B、C、D、E、F，在记录对话框中按下"停止"。

5. 打开一个新的绘图窗口，作点 A，按住Shift键，在水平线上作点 B，按下记录对话框中的"快进"键，弹出对话框，若"深度"选择"1"，单击"确定"，则得2级谢尔宾斯基垫片；若"深度"选择"2""3"，则分别得3级、4级谢尔宾斯基垫片。

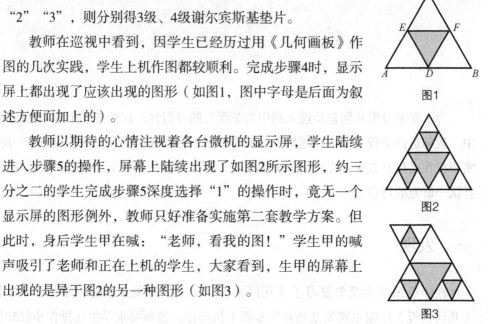

图1

图2

图3

教师在巡视中看到，因学生已经历过用《几何画板》作图的几次实践，学生上机作图都较顺利。完成步骤4时，显示屏上都出现了应该出现的图形（如图1，图中字母是后面为叙述方便而加上的）。

教师以期待的心情注视着各台微机的显示屏，学生陆续进入步骤5的操作，屏幕上陆续出现了如图2所示图形，约三分之二的学生完成步骤5深度选择"1"的操作时，竟无一个显示屏的图形例外，教师只好准备实施第二套教学方案。但此时，身后学生甲在喊："老师，看我的图！"学生甲的喊声吸引了老师和正在上机的学生，大家看到，生甲的屏幕上出现的是异于图2的另一种图形（如图3）。

二、尝试

图3的出现正是教师所期盼的，因为按提供的步骤作出谢尔宾斯基垫片，对该班学生并不是困难的事，教师设计这节课的目的，是想让学生经历一次研究的全过程，现在的情况正为这节课的成功提供了一个契机！重新返回第一套教学方案的实施：他让学生甲清除右边一台电脑屏幕上的图形，要学生甲再次作出如图3的图形，但在众目睽睽之下，却也得出了图2。

教师：甲同学第二次操作得出的图形和大家的一样，这说明按步骤操作得出图2是正确的，那么他刚才操作得出图3，问题出在哪里呢（为了讲述的方便，教师把图形按出现的顺序编了号）？

微机室里一片肃静——思索是没有声音的。

教师：大家可以从图3与图2的比较中去考虑。

稍许，学生乙：图3的一个第二层次三角形被搬到了外面。

经过了几个课时的分形几何学习，学生已会用"层次"来表述分形图的某一部分。显然，学生乙说的第一层次是指图中最大的一个三角形。

教师：对，是从第一层次三角形中搬出去了一个二层次三角形。但是搬出去是移出去了还是被"甩"出去了？（教师在这里用了一个"甩"字，没有直接用"旋"或"旋转"，他是希望用"甩"字从学生嘴里抠出"旋"或"旋转"，可谓用心良苦！）请大家注意比较图3被搬出去的三角形和图2相应的二层次三角形的位置关系。

学生丙：老师，外边的三角形是被"旋"出去的。

教师：为什么？

学生丙：图3被"旋"出去的三角形与图2相应的三角形都有一个角向左，一个角向右，但第三个角却一个向上而另一个向下。

教师赞许地点点头：丙同学说得好！图2相应的二层次三角形向上的一个角在图3中变为向下，说明图3那个二层次三角形确实是被"旋"出去的，但它为什么会被"旋"出去呢？

片刻的沉寂，教师感到问题的梯度稍大了些，于是他"降低坡度"：我们知道，在分形图的生成中，是对某种初始图形（我们称它为初始元），反复施行同一种几何变换（我们称它为生成元）。比如科赫曲线，我们是对初始元"——"反复施行变换"＿∧＿"生成的（边说边在黑板上画图），所以分形的生成与施行的几何变换，即生成元密切相关。那么，我们是否应该从生成元去考虑呢？也就是说，我们在构作生成元，即图1时，是否也存在"旋"的问题？

有不少学生在走动，回到机上，清屏，在机上操作。也有学生在围观，在三五成群议论着。几分钟后，学生丙、丁的显示屏上出现的图形（图4）吸引了大家的视线。显然，它比图3更复杂。真是一波未平，一波又起！教师却

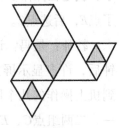

图4

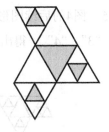

图5

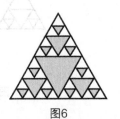

图6

禁不住喜形于色——这又起的一波不仅未将问题搞得更复杂，反而为整个问题的解决铺平了道路！他让学生丙、丁向大家叙述他们操作的思路和赏试的过程：

受老师的启示，我们注意到图1作为生成元，其大三角形的第三个顶点C是以第一个顶点为旋转中心将另一个顶点旋转60°得到的。在这个过程中，我们先选择的顶点是双击它，将它作为旋转中心，而把后选择的顶点旋转了60°。

教师打断他们的叙述，让他们在黑板上画出图1并标上字母，然后他们继续叙述：我们在操作步骤4时，依次选择三组点E、C；D、A；F、B（注：E、D、F是三角形ABC三边中点）并分别按下循环，所以先选择的E、D、F三点就是旋转中心，而把C、A、B分别旋转了60°，因而显示屏上出现了如图4的图形。

在学生丙、丁叙述时，有学生回到机上在操作。

教师：那么为什么甲同学的图形和你们的图形不同呢？

学生甲在学生丙、丁来不及回答时已迫不及待地抢着发言：老师，我知道了，我是在操作步骤（4）选择点时，第一组点C、E选择的顺序搞错了，是先选了点E，后选点C。

教师：是吗？请你回到机上去试试看，也请同学们都到机上去试试。几分钟后，许多显示屏上出现的如图3的图形验证了生甲分析的正确性。更有先回到机上操作的几个同学进行了新的赏试：在选择三组点进行循环时，调换了第一、二两组点C、E，A、D的选择顺序，显示屏上出现了图形5。教师让大家继续把深度选择为"2"，则显示屏上原来深度选择"1"的图形是图2、图3、图5、图4的后续图形，分别为图6、图7、图8、图9。更有不少同学把深度选择为"3""4"，得出了更复杂、美丽的分形图形（图略）。

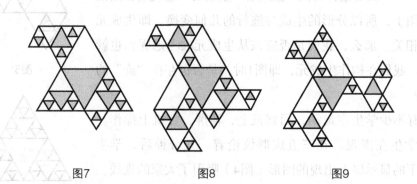

图7　　　　　　　　　　图8　　　　　　　　　图9

三、研究

教师：在刚才对甲同学无意中发现的一种畸变的谢尔宾斯基垫片的操作尝试中，同学们经历了一个研究的过程，探索出其中的一些规律。事实上，许多科学结论的产生都是对无意中发现的某种现象进行深入研究的结果。1928年正是英国细菌学家弗莱明偶尔发现青色霉菌周围的细菌不见了而深入研究，最终导致近代重要的抗菌素——青霉素的问世。这让我们认识了两个问题：一是要勇于实践，因为实践能使人们发现问题，从而提出问题；二是要勇于探索，要对发现的问题进行深入研究，就能使我们发现和掌握事物的某些规律。下面请同学们对前面的研究进行一个小结，把研究结果归纳出来。

在教师的指导下，学生对他们的赏试过程进行了梳理，认识到：

（1）生成分形图是反复施行同一种几何变换的过程，施行的变换次数越多，图形越复杂。

（2）用《几何画板》作谢尔宾斯基垫片，在选择各组点进行循环时，要注意选点的先后顺序，否则生成的分形会发生畸变，错选一组、二组或三组点的顺序，会生成不同的畸变分形，畸变的分形更具美感。

教师：大家总结的第二个结论，是在用《几何画板》作谢尔宾斯基垫片的过程中归纳出来的，但它具有普遍性意义。就是说，用《几何画板》作任何分形图，只要在作生成元时用到了需要确定中心的"旋转"等工具，那么在选择一组点进行循环时，就要注意选点顺序，先选的一点就是旋转中心。如果顺序错了，生成的分形就会产生畸变。今天留两个问题同学们课后去思考和上机实践：

（1）按照学生丙、丁在操作步骤4时的选点顺序，要使生成的图形不产生畸变，可以对作图的步骤进行怎样的调整？若要摆放的位置也不变，又需怎样调整？

（2）雪花曲线和反雪花曲线与科赫曲线具有相同的生成元，只是它们的初始元是正三角形。根据上面作谢尔宾斯基垫片过程中的启示和我们已掌握的用《几何画板》作科赫曲线的方法，作出科赫雪花曲线和反雪花曲线的图形。

参考答案

（1）只需在步骤2中，从右往左作水平线段*AB*，双击右端点*A*，标记*A*为中心，选择点*B*，从变换菜单中选择"旋转"命令，弹出对话框，输入"－60"，按下"确定"，得点*C*。用线段工具连接点*A*、*C*，点*C*、*B*。其余步骤相同。若要使摆放的位置也不变，只需在步骤5打开一个新的绘图窗口，在水平线上作点*A*、*B*时，先作的点*A*位于点*B*的右边即可。

（2）用《几何画板》按步骤作出科赫曲线的生成元并记录后，对初始元正三角形*ABC*（图10）依次选择*B*、*A*，*C*、*B*，*A*、*C*三组点并分别按下记录对话框中的"快进"键，可得科赫雪花曲线（图11）；依次选择*A*、*B*，*B*、*C*，*C*、*A*三组点

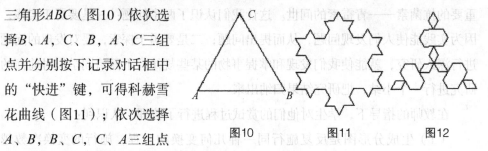

图10　　　　图11　　　　图12

并分别按下记录对话框中的"快进"键，可得反雪花曲线（图12）。

对高中数学课程中分形维数处理的
初步认识
——分形几何课程实验札记

分形（Fractal）这一新兴科学概念，被《高中数学课程标准的框架设想》（以下简称《框架设想》）列为选修课程系列的一个专题（数学通报2002，4），在表明《框架设想》与时俱进的先进课程理念的同时，也给当前正在进行的高中数学课程改革提出了新的课题，对分形维数的处理就是十分重要的课题之一。

维数是刻画图形几何性质的重要特征量。在欧氏几何中，由于其图形的规则性，使长度、面积、体积等测度概念就能对其进行恰当的描述，加上欧氏几何维数与人们的直观经验相一致，因而中小学几何课程基本上回避了抽象的维数概念。分形与欧氏图形正好相反，它是一类不规则的复杂图形或现象，长度等测度概念已无法恰当地刻画它们，而维数却能给它们以较准确的定量描述，这就使维数概念在分形理论中占有十分重要的地位，同时也就使高中数学课程对分形维数的处理问题具有重要的意义。

然而目前中小学几何课程回避维数概念的现状、维数概念本身的抽象性和种类的复杂性，给课程对这一概念的处理带来较大的困难，这就需要在制订课程标准时对维数的要求有一个适当的定位；在教材编写中充分考虑学生的维数观念一纸空白的现状，在知识呈现时做好适当的铺垫。以下就这两个问题结合我们江西省七个地市九所高中（教师进修学校）组建的"分形几何初步进入普通高中数学课程的可行性实验研究"课题组2001年11月—2002年10月间开展的分形几何课程实验提出若干认识[1]。

一、《高中数学课程标准》可对维数提什么样的要求?

传统的欧氏维数以确定空间中一点所需要的最少坐标个数为定义,与人们的直观经验相一致[2],学生在理解时不致产生太大困难。分形维数的情形就复杂得多,首先它一般是分数,就与欧氏维数是整数大相径庭,使人难以接受。所以只有理解维数是刻画图形复杂程度和占据空间规模指标[3]的定义,才能为分数维数的引入做好铺垫。其次必须知道引入分数维的必要性:长度、面积、体积等测度概念对分形的刻画已经失效,人们只得另辟新路,寻找到新的工具——分数维。最后还需理解引入分数维的可行性:分数维能给分形以定量描述,它是分形的一个恰当的特征量。所以可提出:

1. 理解维数是刻画图形复杂程度和占据空间规模指标的定义,理解分数维的合理性,知道分数维是刻画分形最合适的特征量

据本次课程实验结束后进行的测试和访谈,说明这样的标准是合适的,江西省上犹中学实验报告反映:"由于教材用直观的图形来引出'维数是刻画图形的复杂程度和占据空间规模的指标'的定义,所以学生对这个定义还是理解得比较好。"在测试中考查维数定义的测试题14和考查分数维刻画的可行性的测试题9得分率都较高[4]。

法国数学家豪斯多夫(Hausdorff)1919年引入的豪斯多夫维数既适用分形也适用规则图形,使它成为众多种类的维数中最重要的一种。它的严格的数学定义和计算牵涉到抽象的测度理论,对高中学生既无必要也不可行,尤其是它的严格计算非常困难,但它的基本思想却不难理解[5],它以卡拉西奥多里(Caratheodory)构造为基础的定义,具有归纳的性质,也显得较为直观[6],让学生进行初步的接触却既有必要也是可行的,对学生理解维数的意义大有裨益。所以可提出要求:

2.了解豪斯多夫维数的基本思想和以卡拉西奥多里构造为基础的定义,知道这种维数的适用范围和局限性

在本次课程实验中,实验教科书对豪斯多夫维数的基本思想进行了表述,并且在课程测试中列为第18题的前一部分,占5分。从多数实验校的测试结果分析看,学生对它能够理解[7]。以卡拉西奥多里构造为基础的豪斯多夫维数定义,在本次实验中因课时少，未能将它列为教材内容，若在日后正式颁布的《高中数学课程标准》中分形能如《框架设想》，安排为选修课系列的一个专题，则在新教材中可将这一定义列为维数这块的一个内容。

相似维数是把维数由整数拓展为分数的划时代的量[8]。分形几何中的经典分形，都具有严格的自相似性，都能定义这种维数。这种维数的计算公式的推导简单，具有归纳的性质[9]，易于理解，公式的运用也便于操作，这就使它在分形几何初步中理所当然地受到重视。在本次课程实验中，学生对这项内容显得很感兴趣（吉安敦厚中学实验报告），因为在理解和运用它的过程中，学生感到在过去的学习中掌握的对数运算等技能在这里派上用场，能获得成功的愉悦。从测试情况看也比较好，测试题第12、13两题都考查这个内容[10]。因此可提出要求：

3. 理解相似维数的定义和适用范围，能求出一些简单分形的相似维数

芒德勃罗关于英国海岸线长度的论文得出的结论震惊了学术界，也使海岸线长度问题成为分形几何的经典问题，所以它是分形几何的基本内容之一，可要求学生对这个问题能掌握，并且能表述，还能知道会产生这种奇怪结论的原因是用以度量海岸线的长度单位是1维的，而海岸线这种不规则的分形的维数是大于1的一个分数，根据豪斯多夫维数的基本思想，测得的结果就是无穷大。本次实验的测试第18题的后半部分就是对这个问题的考查，得分情况较好，结果分析的综合评价多数学校都是"好"或"中"[11]。因此可要求：

4. 能用分数维来解释分形几何的经典问题——"英国的海岸线有多长"
（见本书内容P25）

二、教材对维数处理要注意哪些问题

1. 在知识呈现时做好适当的铺垫

考虑到以往中小学教材回避维数概念的做法，在日后编写的新教材中要在适当的时机，利用适当的形式对欧氏维数、拓扑维数作简单介绍，使学生对它们有所了解，以排解分数维学习的困难。在本次课程实验中，教科书正文在简述维数观念的发展历程时提出了欧氏维数概念，由于学生已有坐标系知识基础，并且这个概念和人们的直觉经验相一致，所以对这个概念接受没有产生较大困难。拓扑维数的概念在教科书的习题中出现，主要考虑到本课程的目的是介绍分数维，欧

氏、拓扑维数是起知识铺垫的作用，所以它们只能被置于从属的地位。因此，对拓扑学和拓扑维数的解释放在了教学参考书中，供教师在教学中参考。从前述测试结果分析的情况看，这样的处理还是有效的，这两种维数的适当介绍，帮助了学生理解维数的意义。实验后我们考虑到的一个问题是，既然拓扑维数与欧氏维数一样，都起知识铺垫的作用，那么教材中也应对它有所介绍，只是要斟酌采用何种形式更合适，所以在前一阶段实验后的增订版实验教材中，我们以脚注的形式对拓扑学和拓扑维数作了简要的介绍[12]，我们认为这样对学生学习分形维数的这块内容将会有比较大的帮助。

2. 用图形帮助学生直观地理解维数的定义和分数维的合理性

维数是描述几何图形的复杂程度和占据空间规模指标的定义，是分数维引入的基础，让学生掌握好这个定义，对理解分数维至关重要。对高中学生尽管应逐渐强化抽象思维训练的力度，但对于他们尚是一纸空白的却又十分抽象的维数概念来说，利用图形帮助他们直观地理解还是很有必要的。本次课程实验教科书利用了从零维的点到3维的立体的一组概略图（实验教科书图15上）帮助学生构建维数是刻画图形占据空间规模指标的意义，又利用从简单到复杂的一组图形（实验教科书图16）所对应的维数值依次从小变大[13]的事实，帮助学生直观地理解维数是刻画图形复杂程度指标的涵义，在此基础上总结出维数的定义。实验教材还在图1的下面安排了康托尔集、科赫曲线、门杰海绵三个分形，分别置于点与线段、线段与正方形，正方形与立方体之间，使学生能通过观察和比较，直观地发现康托尔集等分形占据空间的规模确实应介于点与线段等三对图形各自的二者之间，从而领会它们的维数是分数的合理性。从实验后上犹中学学生座谈会上的反映和有关维数测试（测试卷第12、13、18题）的结果，说明这样的处理是可取的[14]。只不过在对课程实验的反思中我们又感到，对于高中生来说，像维数这样一个分形几何的重要概念，仅用形象思维来内化它是不够的，还必须从理论的角度来达到对概念在深层次上的理解。前面我们建议若日后分形能进入高中课程则可向学生介绍以卡拉西奥多里构造为基础的定义，正是出于这种认识。

3. 加强分形维数与现实生活的联系

从一些具体事物中提炼出它们共同的本质特征，这就是事物概念的抽象过程。所以概念是被剥离了具体情境的一种"内核"。概念教学的困难正产生于此。这就要求在教学概念时再给"内核"回复它形象的情境，其做法之一就是将概念教学与现实生活、具体事例联系起来。对抽象程度很高的分形维数概念尤应这样处理。本次课程实验教科书中有这么一个片断：

议一议：炎热的夏天，你在大树下乘凉时，会看到阳光下大树的阴影，它和我们前面接触过的哪一种分形相类似？你能估计出阴影作为一个平面图形的维数介于哪两个非负整数之间吗？大树本身作为一个空间图形又与哪一种分形相类似？它的维数又界于哪两个非负整数之间呢？你能提出类似的问题吗？

这个案例将2维空间的分形谢尔宾斯基垫片（或地毯）与大树的阴影，3维空间的分形门杰海绵与大树本身对应了起来，赋予这些抽象的概念以具体的形象，并以"你能提出类似的问题吗"启迪学生去寻求现实生活中更多的实例：汉字（它经过了象形文字的阶段，因而从汉字演化的历史角度来说，一个汉字可视为一个图形，显然它与谢尔宾斯基垫片或地毯相对应）、小麦的根系、房屋（它们都是一个立体，但不是"实心"的，因而与门杰海绵相类似）等，加深对分形维数的理解，同时又受到一种模仿创新的训练。南昌十五中的实验报告所反映的情况与我们对实验结果的预期相一致："学生对大树阴影及大树本身的分形维数问题表现出很大的兴趣[15]。"

参考文献

[1]、[4]、[7]、[10]、[11]、[12]、[14]、[15] 课题组. 分形几何初步进入高中课程的探索与实践（内部资料）.

[2]、[3] 孙博文. 维数的性质及其哲学意义[J]. 自然辩证法研究, 1994, 10（11）：34 –37.

[5] 辛厚文. 分形介质反应动力学 [M]. 上海：上海科技教育出版社, 1997.

[6] 钱佩玲. 分形几何——从UCSMP教材引发的思考[J]. 数学通报, 1997, 10：36–41.

[8] 高安秀树. 分数维[M]. 沈步明, 常子文, 译. 北京：地震出版社, 1989.

[9] 林鸿溢, 李映雪. 分形论——奇异性探索[M]. 北京：北京理工大学出版社, 1992.

[13] 潘金贵, 艾早阳. 分形艺术程序设计[M]. 南京：南京大学出版社, 1998.

"分形几何初步"专题学习网站设计

我们精心设计了"分形几何初步"网络探究课程，依托"分形几何初步"专题学习网站，开展了信息技术与分形几何整合的课程改革实验研究，取得一系列成果，借此文与专家、同行进行交流。

一、基本框架

专题学习网站是在网络环境下，向学习者提供大量的与专题相关的学习资源，让学习者通过网络协作学习工具，围绕某一专题进行较为广泛、深入的探究和发现的学习活动的一个数字化学习系统。

"分形几何初步"专题学习网站整合了"Z+Z智能教育平台""几何画板""分形设计师"等常用数学软件和新一代高中数学测试与评估系统，网站由专题学习内容、专题学习资源库、专题协作学习支撑平台和专题超级链接4个模块构成，其首页如下表所示。

首页　教材库　教案库　课件库　软件库　资料库　试题库　课题库　作品库

你现在的位置：首页**"分形几何初步"**

亲爱的同学：

　　你将进入的是一个新的几何学世界。在这个世界里，你碰到的将不再是欧几里得几何学的直线、圆、长方体等简单规则的图形，而是海岸线、云彩、花草树木等复杂的自然形体，它们被称为分形（fractal）。这些形体，传统的欧氏几何图形已无法对它们进行恰当的模拟，遗憾地留下了一道道各学科的难题。而今天我们学习的分形几何学却另辟蹊径，用新的观念，从新的角度，为解决这些难题提出了新的思路和方法，在许多领域获得了意想不到的成功。分形成为当代科学最有影响和感召力的基本概念之一，分形几何学成为探索复杂性的有效工具。在这个充满新奇的问题、新的视角、新的思路的几何学世界里，你将受到一种挑战传统的教育，你的思维将冲破传统的羁绊。让我们一起来领略她的丰采吧！

——"分形几何初步"专题学习网站

BBS论坛	分形欣赏——感受分形的美学魅力	什么是分形	分形频道
几何画板	分形——"病态"的"数学怪物"	分形的计算机生成	分形欣赏
Z+Z智能教育平台	英国的海岸线有多长	用"几何画板""分形设计师"制作分形图	研发隧道
分形设计师	特征长度与分形的自相似性	分形几何网站介绍	分形几何俱乐部
测试与评估	分数维及其计算	分形几何学的意义和前景	Google 搜索引擎

二、主要特征

　　1. "分形几何初步"专题学习网站首页由层次分明的4个模块组成，它们从学习内容、学习策略和学习方式等角度相互补充、相互配合，从而实现学习资源与学习过程的整合。8个子栏目构成"专题学习资源库"，5个子栏目构成"专题协作学习支撑平台"，10个子栏目构成"专题学习内容"即《"分形几何初步"网络课程电子教材，5个子栏目构成"专题超级链接"。教师点击任何一个栏目即可阅读有关的具体内容。

2. "分形几何初步"专题学习网站是一种整合了学习资源与学习过程，旨在培养学生的学习能力、自主探究能力、协作探究能力、创新精神与实践能力，提高学生信息素养的教学软件，它的应用模式是"教师主导，学生主体"的网络化探究教学模式，师生通过它可以实现"MM教育方式"（见《信息技术教育》杂志2003年4月P45——编者注）。

3. "分形几何初步"专题学习网站拥有丰富多样的学习资源，良好的学习交互能力，直观友好的界面设计，能实现活泼生动的教学策略。

4. "分形几何初步"专题学习网站的"专题学习资源库"是一个资源库平台，教师或学生可以随时将自己搜集到的资源上传到资源库，并且可以根据自己的需要从资源库里获取资源，重新进行整合，形成自己的作品。师生可以随时将自己的电子作品上传到"作品库"。

5. 能过"分形几何初步"专题学习网站的"专题协作学习支撑平台"，师生可以方便地运用"几何画板""Z+Z智能教育平台"和"分形设计师"等软件平台制作分形图，进行数学虚拟实验，开展自主探究活动；BBS论坛为学习者提供讨论和交流的园地，大家可以在论坛上畅所欲言。讨论和交流不局限在学习小组内，任何人都可以在论坛发表意见，依托"测试与评估"进行以网上自我学习评价为主的多种形式的评价，系统自动评分。

6. "分形几何初步"专题学习网站的"专题学习内容"实际上就是"分形几何初步"网络课程电子教材，我们将文本、图形、图像、视频和音频等类型的资源放在网上，弥补印刷教材单调化的不足，成为具有交互性的电子版网络教材，提高了教材的趣味性，降低了教材的难度。同时，我们补充的扩展性知识，以专题为核心，以教材的结构化知识为基础，扩展其他与分形几何专题相关的学科知识，从而综合各有关学科知识。

（本文刊于《信息技术教育》（北京），2004，5。系该刊"分形几何初步"专辑（连载）的第2篇。此专辑的另两篇论文分别为《"分形几何初步"网络探究课程设计》《分形欣赏——感受分形的美学魅力》MiniQuest教学设计。）

分形的文化价值管窥

  数学是形成人类文化的重要力量，对人们的观念、精神、思维方式的形成产生了重要的影响。特别是人类文明的重大成果——欧几里得几何开创的公理化思想，更是对人类理性思维的形成起着关键的作用。当历史的车轮行进到20世纪70年代时，人们的眼光再一次关注几何学发展的新进程——美籍法国数学家芒德勃罗创立的一门从研究对象，到特征长度，到表达方式，到描述方法都异于欧几里得几何的新的几何学——分形几何学，它以全新的概念、思想和方法改变了人们传统的认识（表1），以新颖的艺术美感陶冶人们的情操，丰富数学文化的内涵。2003年4月，教育部颁布的《普通高中数学课程标准（实验）》中，"海岸线与分形"被列为数学文化的一个选题。这从一个侧面反映了数学教育对分形文化价值的关注。在本文中，笔者拟对分形的文化价值作初步的探讨。

表1 分形几何学与欧氏几何学的差异

	描述对象	特征长度	表达方式	维数
欧氏几何学	人类创造的简单的标准物体	有	数学公式	0或正整数
分形几何学	大自然创造的复杂的真实物体	无	迭代语言	一般是分数（也可以是整数）

一、英国的海岸线有多长？——变革人们传统观念的问题

  海岸线的长度问题，按传统科学的方法来考虑是极其简单的。可是芒德勃罗

1967年在国际权威的美国《科学》杂志上的论文《英国的海岸线有多长》中得出的结论却令人惊异：英国的海岸线长度是不确定的！它依赖于测量时所用的测度单位。

芒德勃罗指出，海岸线由于海水长年的冲刷和陆地自身的运动，形成了许多大大小小的海湾和海岬，弯弯曲曲极不规则。测量其长度若以公里为单位，则几米至几百米的弯曲就会被忽略不能计入在内；若改用米作单位，上面忽略掉的弯曲都可计入，但仍有几厘米、几十厘米的弯曲会被忽略……采用的单位越小，计入的弯曲就越多，海岸线长度就越长，而海岛的面积却是确定的——这一结论让所有的人都瞠目结舌。

二、分数维——刻画不规则几何形状的新概念

芒德勃罗在得出海岸线长度不确定这一石破天惊结论的同时，更独具慧眼地发现传统数学的"病态"图形——科赫雪花曲线可以作为海岸线的数学模型。他指出，科赫雪花曲线与海岸线一样，随着测量单位的不断减小，其周长不断增大，而它所围成的面积却为一个定值（图1）。

设正三角形P_0的周长为L_0，则图1中P_0，P_1，P_2，…，P_n，…的周长依次为L_0，$\frac{4}{3}L_0$，$(\frac{4}{3})^2L_0$，…，$(\frac{4}{3})^{n-1}L_0$，…。由于$\frac{4}{3}>1$，所以n趋向于无穷大时，科赫雪花曲线（图形P_n当n趋于无穷大时的极限情况）的周长趋向于无穷大。

图1

设P_0的面积为S_0，则P_0，P_1，P_2，…，P_n，…的面积依次为S_0，$(1+\frac{4}{3}\times\frac{4}{9})S_0$，$(1+\frac{3}{4}\times\frac{4}{9}+\frac{3}{4}\times\frac{4}{9}\times\frac{4}{9})S_0$，…，$\{1+\frac{3}{4}[\frac{4}{9}+(\frac{4}{9})^2+\cdots+(\frac{4}{9})^{n-1}]\}S_0$，…。由于等比数列求和公式$S_n=\frac{a_1(1-q^n)}{1-q}$，在$q<1$，$n$趋于无穷大时，$S=\frac{a_1}{1-q}$，用之可算得$\frac{4}{9}+(\frac{4}{9})^2+\cdots+(\frac{4}{9})^{n-1}=\frac{4}{5}$，从而科赫雪花曲线所围成的面积等于$(1+\frac{3}{4}\times\frac{4}{5})S_0=\frac{8}{5}S_0$，为一确定的值。芒氏指出海岸线之所以出现这种

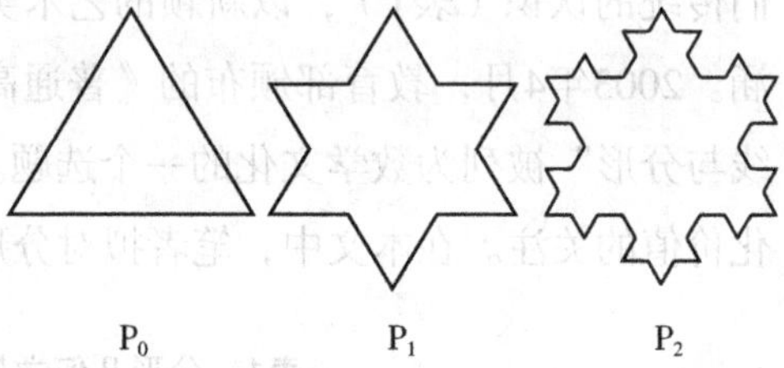

怪现象，是因为它是一种不同于规则欧氏几何图形的不规则的分形曲线，它的维数比欧氏几何直线的维数大。而维数理论告诉我们：对任何一个有确定维数的几何对象，只能用与它有相同维数的测度单位去测量它。如果测度单位的维数比它更小，则结果为无穷大；测度单位的维数比它更大，则结果为零。因而用1维的公里、米等欧氏测度单

图2

位去测量海岸线长度时，其结果必然趋向于无穷大了。这样，芒氏就把被传统数学家摒弃的科赫雪花曲线等具有这种奇怪性质的"数学怪物"——康托尔集、谢尔宾斯基垫片、门杰海绵等变成了宝，变成了构建充满新概念、新思想的分形几何学的基本材料。这就表明芒氏在发现海岸线本质特征的同时，也洞悉了这些在数学史的垃圾箱中被搁置了半个世纪之久的"病态"几何图形的本质，并还它们以公道，精辟地指出可以用它们作为描述广泛存在于自然界和人类社会系统中不规则形状和现象的数学模型。更值得称道的是，芒氏还敏锐地发现英国科学家理查逊关于海岸线长度的经验公式和美国语言学家齐普夫词频分布定律中幂指数的涵义，发现在标度（测度单位）变化时它们的幂指数的不变性，指出对于任何一种分形，都存在这样一个一般是分数的不变量，它就是可用于描述这种分形不规则程度的分数维数。这样，继20世纪上半叶数学在几何概念上完成了从有限维到无限维的飞跃后，20世纪下半叶又完成了从整数维向分数维的拓展，并且开创了用分数维数来刻画不规则图形的不规则程度的新模式，这是几何学史上的又一件大事。

三、分形美——一种别开生面的艺术美感

计算机图形显示，推开了分形几何学的大门。当我们踏入这个崭新的几何世界时，扑面而来的分形图像琳琅满目，美不胜收，令人留连忘返。美，是分形给每一位观赏者的第一印象。有人说，分形是美的科学，这种说法已为很多人所认同。

由简单的复数二次多项式 $f(z)=z^2+c$ 迭代生成的芒德勃罗集（简称M集，图2左上角第1图，后续各图依次为前一图某一局部的放大），是人类有史以来最奇异、最瑰丽的艺术奇葩，它由一个主要的心形图与一系列大小不一的圆盘芽苞突起连在一起构成。你看，有的地方像日冕，有的地方像燃烧的火焰，那心形圆盘上饰以多姿多彩的荆棘，上面挂着鳞茎状下垂的微小颗粒，仿佛是葡萄藤上熟透的累累硕果。它们每一个细部都可以演绎出美丽的梦幻般仙境似的图案，因为只要把它的细部放大，展现在眼前的景象会更令人赏心悦目。这种放大可无限地进行下去，无论放大到哪一个层次，都会显示同样复杂的局部。这些局部与整体不完全相同，又有某种相似的地方，使你感到这座具有无穷层次结构的雄伟建筑的每一角落，都存在无限嵌套的迷宫和回廊，催生起你无穷的探究欲望。

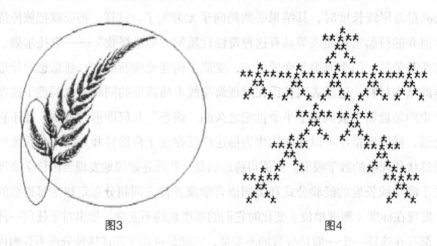

图3   图4

芒德勃罗称欣赏欧氏几何的抽象美需要艰苦和长期的训练，而分形却通过视觉给人们直观、丰富的表象，是直截的美的感受——一种别开生面的、非传统艺术所具有的美的感受。更令人未曾想到的是，分形无限层次的自相似原理（这一原理在图3蕨类植物叶片上得到了清晰的展现：整个叶片与它的枝杈、枝杈的枝杈的形状在不同层次上相似）还为艺术的表现提供了一种崭新的模式，启迪想象力丰富的人们创造出一批精美的分形艺术品：

（1）可以有无限层次的"大"字（图4）。

（2）可以有无限层次的分形模型（图5）。

（3）非舶来品的我们耳熟能详的一首儿歌：

"从前有座山，

山里有个庙，

　庙里有个老和尚给小和尚讲故事，

　　讲的是：

从前有座山，

　山里有个庙，

　　庙里有个老和尚给小和尚讲故事，

　　　讲的是：

　　　……"

这真是数学、文学融合在一起的一个范例。

这类前所未见的艺术精品，给我们的难道不是一种前所未有的美的享受吗？

齐东旭教授在其论著《分形及其计算机生成》的后记中，引用了公元前9世纪《荷马史诗》中的一段来展望分形的发展：

"她出生时十分弱小，

但每个时辰都在长大。

她在大地上蔓延，

并震撼着周围的世界。"

笔者想到的是，与此同时，分形的文化价值也将随人们对它的发掘，和分形本身一起，与日俱生，与时俱长。

致谢：田载今先生为本文提供了素材，谨此致谢！

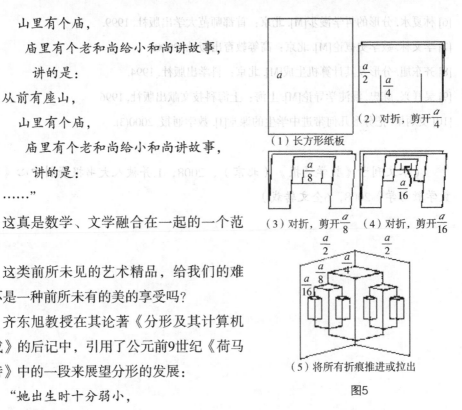

（1）长方形纸板　（2）对折，剪开 $\dfrac{a}{4}$

（3）对折，剪开 $\dfrac{a}{8}$　（4）对折，剪开 $\dfrac{a}{16}$

（5）将所有折痕推进或拉出

图5

参考文献

[1] 张济忠. 分形[M]. 北京: 清华大学出版社, 1995.

[2] 钱佩玲. 分形几何——从UCSMP教材内容引发的思考[J]. 数学通报, 1997(10).

[3] 邓东皋, 孙小礼, 张祖贵. 数学文化[M]. 北京: 北京大学出版社, 1990.

[4] 林鸿溢, 李映雪. 分形论——奇异性探索[M]. 北京: 北京理工大学出版社, 1992.

[5] 凯依. 分形漫步[M]. 徐新阳, 康雁, 陈旭, 等译. 沈阳: 东北大学出版社, 1994.

[6] 林夏水. 分形的哲学漫步[M]. 北京：首都师范大学出版社, 1999.

[7] 李文林. 数学史概论[M]. 北京：高等教育出版社, 2000.

[8] 齐东旭. 分形及其计算机生成[M]. 北京：科学出版社, 1994.

[9] 吴祥兴, 陈忠. 混沌学导论[M]. 上海：上海科技文献出版社, 1996.

[10] 史炳星. 把分形几何带进中学生的课堂[J]. 数学通报, 2000(3).

（本文刊于《数学通报》（北京），2008，1.并被人大书报资料中心《中学数学教与学》2008，6全文转载）

[附录1] 分形几何课程实验研究记事

[1] 2001年10月，课题组负责人舒昌勇的论文《对"分形几何初步"进入普通高中数学课程的思考》在中国教育学会中学数学教学专业委员会第十届年会（上海）上引起与会课程专家的广泛关注。著名数学教育家、数学课程专家张孝达、丁尔升、孙瑞清等先生指示开展实验研究，为高中课程改革和国家高中数学课程标准的研制提供参考。

[2] 2001年11月上旬，《数学通报》编辑部函告，论文《对分形几何初步进入普通高中数学课程的思考》将于2002年初刊发。为开展课程实验，舒昌勇、徐小林投入撰写普通高级中学"分形几何初步"实验教科书工作，12月初完成初稿。

[3] 2001年12月上旬，在江西省教育学会中学数学教学专业委员会2001年年会（新余）上，理事会领导高度评价并大力宣传该项新课程研究，并向与会代表展示实验教科书初稿。同月，着手筹建《分形几何初步进入普通高中数学课程的可行性实验研究》课题组。

[4] 2002年3月，制订实验计划；向国家高中数学课程标准研制组申报《标准》实验项目；向江西省教育厅课题基地办申报省级教育教学研究课题。

[5] 2002年4月，《数学通报》等刊刊发国家数学课程标准研制组《高中数学课程标准的框架设想》，"分形"被列为富有拓展性和挑战性的选修课程"数学A"的一个专题。同月，"分形几何初步"进入普通高中数学课程的可行性实验研究"课题被江西省教育厅课题基地办批准立项。

[6] 2002年5月，参加实验研究的学校已发展为全省七个地市九所高中（教师

进修学校）。月初定稿的全套课程实验材料（教科书、教学设计、教学建议、测试卷、调查问卷等）在修水一中等四所学校印制，并分发至各实验校。课题组筹备召开"分形几何课程实验研讨会"。

[7] 2002年6月，课题立项为国家高中数学课程标准实验项目。6月8—9日，"分形几何课程实验研讨会"在南昌大学学术交流中心召开，对课程材料的学习进行了辅导，对课程实验有关问题进行了研讨，为实验目标的达成奠定了基础。会后，各实验校陆续进入课程实验阶段。课题组编发《实验简报》1、2、3期，分别寄往标准研制组、省课题基地办、各实验校及有关专家和领导。6月26日，省课题基地办对实验进展顺利表示满意。

[8] 2002年7月1日，《分形几何课程实验材料》上网"国家数学新课程标准资料汇编"（http：//www.bj4hs.bj.edu.cn）。

7月10日，标准研制组发来电子邮件，通知课题负责人"分形"已定为高中数学选修课程E1系列的一个专题。

7月24日，按标准研制组的要求，电子版《标准·分形几何参考稿》（包括《标准》中分形几何内容的基本理念、内容与要求、教材实施建议及编写建议等）发往标准研制组。27日，与之配套的光盘寄往标准研制组。

[9] 2002年8月，江西省教育厅课题基地办授予课题组"省级先进课题组"荣誉称号，授予课题负责人"省级先进课题组负责人"荣誉称号，颁发了奖牌和证书。同月，各实验校收集，整理实验资料。

[10] 9月1日，据《标准·分形几何参考稿》增订的"分形几何初步"实验教科书电子版发往标准研制组。同月，开始据收集的实验资料陆续编发《实验简报》各实验校专版，策划反映本阶段实验全过程的资料汇编《"分形几何初步"进入高中课程的探索与实践》的编印。

9月25—28日，教育部基础教育司在北京召开有各省、市、自治区教育厅教研室高中数学学科组负责人参加的"高中数学课程标准研讨会"，江西与会代表向标准研制组介绍了在江西七个地市进行的分形几何课程实验情况，大会予实验以较高的评价。29日，标准研制组负责人通知课题组负责人，将拨专项资金对实验研究予以支持。

[11] 10月22日，教育部基础教育课程教材发展中心领导提出第二轮课程实验需要研究的新问题：若分形要进入高中课程，课程实施前教师培训的时间要多

长?

10月27日，《实验简报》各实验校专版4～11期完成，以电子邮件的形式发往北京。

10月29日，教育部基础教育课程教材发展中心资助实验研究的5000元专项经费到位。

[12] 11月上旬，课题组综合各校实验情况形成《分形几何课程实验报告》，完成《"分形几何初步"进入高中课程的探索与实践》资料汇编，作为内部资料向标准研制组等有关单位和领导、专家以及各实验校提供参考，并征询意见。

[附录2] "分形几何初步"进入高中数学课程的实验研究课题组成员

课题组成员

江西省上犹县教师进修学校	舒昌勇			
江西省修水县第一中学	胡勇健	朱建军	梁长元	杜品生
江西师范大学附属中学	朱涤非	柯 莹		
江西省上犹中学	徐小林	方百胜	钟建明	赖登金
江西省乐平中学	骆魁敏	徐长河	徐 胜	
江西省上饶市第二中学	刘烈庆			
江西省吉安县敦厚中学	肖圣明			
江西省南昌市第十五中学	万国荣			
江西省宜丰县第二中学	龚浩生	王纪龙	简爱平	

[附录3] 分形几何的大事记

文艺复兴时期著名艺术家、科学家丢勒（Albert Durer，1471—1528）基于正五边形向外无穷复制，生成了一个分形体。

1827年，英国植物学家布朗（R.Brown，1773—1858）用显微镜发现微细颗粒在液体中做无规行走，此现象被称为布朗运动。后来科学家对布朗运动进行了多方面的研究，维纳（N.Wiener，1894—1964）等人在此基础上创立随机过程理论。进入80年代，人们以分形的眼光看待布朗运动，并与"列维飞行"（Levy flight）相联系，找到了确定论与随机论的内在联系。

1860年，瑞士一个名气不算大的数学家塞莱里埃（C.Cellerer，1818—1889）在课堂上向皮克太特（R.Pictet）等学生讲解："连续函数必定可微"的流行观念是错误的，并给出了一个类似维尔斯特拉斯（K.T.W.Weierstrass，1815—1897）函数的反例。黎曼（G.F.B.Riemann，1826—1866）的学生曼海姆（J.H.Manheim）等人回忆说，大约在1861年，黎曼在讲座中提到了类似的例子，但未发表。

1970年，有人证明，塞莱里埃函数和黎曼函数不同于维尔斯特拉斯函数，它们不是处处不可微的，在某些点上它们是有导数的。

1872年7月18日，维尔斯特拉斯向柏林科学院报告了分析学中的一个反例——一个处处连续、但处处不可微的三角函数级数，即著名的维尔斯特拉斯函数。不过此函数直到1875年才由杜布瓦–雷蒙（E.du Bois–Reymond）正式发表出来。

据考察，在维尔斯特拉斯之前，已有不少数学家知道存在所谓的"维尔斯特拉斯函数",但都耻于发表它!因为它破坏了分析学的完美性。大约在1834年波尔查诺(B.Bolzano,1781—1848)构造过类似的函数,但他可能并不知道它有那样"可怕的"性质。

1883年,康托尔(G.F.P.Cantor,1845—1918)构造了三分集,也叫康托尔非连续统(Cantor di scontinuum)。它与实直线是相对立的,当时人们觉得它几乎是病态的。如今它已成为分形几何学的最典型、最简单的模型。

1890年,皮亚诺(G.Peano,1858—1932)提出充满空间的曲线——皮亚诺曲线。

1891年,希尔伯特(D.Hilbert,1862—1943)在《数学年刊》(Mathematische Annalin)上发表短文,提出了能充满平面区域的著名的希尔伯特曲线。

1904年,瑞典数学家柯赫(H. von Koch,1870—1924)构造出柯赫雪花曲线。1915—1916年,波兰数学家谢尔宾斯基(W. Sierpinski,1882—1969)构造了谢氏曲线、海绵、墓垛。谢氏地毯是平面万有曲线(plane universal curve),谢氏海绵是空间万有曲线。奥地利数学家门格尔(K. Menger)证明,任何曲线都可嵌入谢尔宾斯基地毯中。

1918年,康托尔去世。

1919年,豪斯道夫(F. Hausdorff,1868—1942)给出维数的新定义,为维数的非整化提供了理论基础。

1918—1920年左右,法国数学家朱丽亚(G. Julia,1893—1978)、法图P. J. L. Fatou,1878—1929)研究复迭代。朱丽亚于1918年(当时他25岁)在《纯粹数学与应用数学杂志》上发表了长达199页的杰作,一举成名。

1924年11月20日芒德勃罗生于波兰。

1925年,柏林大学的克莱默(H. Cremer)组织讨论班学习朱丽亚的工作,并首次手工绘制了朱丽亚集的图像。

1926年,洛特卡(A. J. Lotka,1880—1949)提出洛氏定律。里查逊就"风"是否具有一定的速度发表议论。

1932年,庞特里亚金(L. S. Pontryagin,1908—)给出盒维数的定义。

1934年,贝塞克维奇(A. S. Besicovich,1891—1970)给出维数新定义。

1936年,芒德勃罗全家迁到巴黎。大约在1945年,他的叔叔芒德勃罗伊(S. Mandelbrojt,1899—1983)向他介绍了朱丽亚的工作,但当时他并不喜欢朱丽亚那一套。可是大约在1977年，芒德勃罗自觉地回到了朱丽亚的论文里汲取营养。

40年代末，齐夫（G. K. Zipf，1902—1950）总结出不同语言中词频分布的幂律关系。

1952年，芒德勃罗获博士学位。

1954年，波兰数学家斯坦因豪斯（H.Steinhaus，1887—1972）讨论"长度"悖论，引起芒德勃罗注意，芒氏在1967年的"海岸线"文章中引用过此文。

1961、1963、1965年，芒德勃罗开始研究棉花价格，帕累托（V. Pareto，1848—1923）收入分布。

1967年，芒德勃罗在《IEEE信息理论学报》上发表论文《具有1/f谱的某些噪声，直流与白噪声之间的一座桥梁》。

1967年，芒德勃罗在《科学》上发表题为《英国海岸线有多长？统计自相似性与分数维数》的著名论文。

1968年，美国生物学家林德梅叶（A. Lindenmayer，1925—1989）提出研究植物形态与生长的"L系统"方法。1990年，普鲁辛凯维奇（P. Prusinkiewicz）与林氏出版《植物的算法美》（The Algorithmic Beauty of Plants）一书。史密斯（A. R. Smith）等人80年代将L系统引入计算机图形学，L系统从此广为人知。现在，L系统是生成分形图形的最典型方法之一。

1975年，芒德勃罗创造分形（fractal）一词，以法文出版专著《分形对象》；沃斯（R. F. Voss，1948—）用分形的思想研究音乐中的1/f噪声问题。沃斯在计算机上制作出"分形山脉"（被芒氏引作1977年专著的封底）。

1977年，芒德勃罗出版英文版专著《分形：形、机遇与维数》，它是1975年法文版《分形对象》的增补本。

1977年9月，在英国塞尔福特（Salford）举行颗粒粒度分析会议，分形思想引入粒度分析。

1981年，美国洛斯阿拉莫斯（Los Alamos）国立实验室成立非线性研究中心（CNLS），以后世界各国相继成立许多非线性科学中心。

1981年，维腾（T. A. Witten）和桑德（L. M. Sander）提出著名的DLA分形生长模型。

1982年，芒德勃罗出版《分形：形、机遇与维数》一书的增补版，改名《大自然的分形几何学》。

80年代初，弗尔聂（A. Fournier）、富塞尔（D. Fussell）、卡本特（L. Carpenter）将分形图形推向好莱坞影视业，主要影片有《星际旅行之二：可罕之怒》（Star Trek Ⅱ：The Wrath of Khan）、《最后的星球斗士》（The Last Starfighter）。

1982年，道阿弟（A. Douady）和哈伯德（J. H. Hubbard）等证明芒德勃罗集是单连通的。

1983年，格拉斯伯格（P. Grassberger）和普洛克西娅（I. Procaccia, http://chemphys.weizmann.ac.il/~cfprocac/ home.html）提出了从实验数据序列求分维的算法，现在通称为G-P算法。

1984年，《数学信使》（The Mathematical Intelligencer）杂志和德国的《GEO》杂志刊登布来梅大学动力系统研究小组的分形艺术图片。

1985年，芒德勃罗荣获巴纳杰出科学贡献奖章（Barnard Medal for Meritorious Service to Science）。1985年5月，芒氏受邀请去布来梅大学为分形艺术图形展览揭幕。

1985年，法尔柯内（K. J. Falconer）的专著《分形集的几何学》（The Geometry of Fractal Sets）出版。

1985年，昂伯格（D.K.Umberger）和法默（J.D.Farmer）提出胖分形（fat fractal）概念。胖分形是指具有分形边界且勒贝格（H.L.Lebesgue，1875—1941）测度不为零的集合。胖分形的勒贝格测度为非零有限值，维数为整数而且与所在的欧氏空间维数相等。分维已经不是描述胖分形的敏感参数，需要引入胖分形指数来刻画它。

80年代中期，美国洛斯阿拉莫斯非线性科学中心将非线性科学要研究的问题归纳为三个方面：1）孤子和拟序结构；2）混沌和分形；3）斑图（patterns）的形成。

1986年，芒德勃罗荣获富兰克林奖章。

1986年，北京大学成立非线性科学中心，挂靠在力学系。

1986年，培特根（H. -O. Peitgen，1945—）和里希特（P. H. Richter）出版《分形之美：复动力系统图像》画册，书中包括88幅全彩色分形图形，分形图形艺术正式诞生，此书1987年荣获"杰出技术交流奖"（Distinguished Technical Communication Prize）。

1986年，迪万内（R. L. Devaney，1948—）的专著《混沌动力系统导论》（Introduction to Ch aotic Dynamical System）出版，该书以很大篇幅讲述与分形有关的复解析动力学。

1985—1988年，巴恩斯利（M. F. Barnsley,1946—）等人研究迭代函数系统（IFS），试图解决图形生成的逆问题——对已知图象找分形压缩算法，创建分形图形公司，分形技术开始推向市场，1988年出版专著《处处得分形》（Fractal Everywhere）。

1987年，芒德勃罗荣获亚历山大·洪堡奖（Alexander von Humboldt Prize），1988年荣获斯坦因迈兹奖章（Steinmetz Medal）。

1988年，费德（J. Feder）著《分形》一书出版。

1988年，纽约时报记者格莱克（J. Gleick, 1954—, http://www.around.com）著畅销书《混沌：开创新科学》（Chaos: Making a New Science）出版，该书先后被译成近20种文字，书中收有多幅彩色分形图片。

1989年，芒德勃罗荣获哈维（Harvey）奖。

1989年7月在成都四川大学召开"第一届全国分形理论及应用学术讨论会"。1991年11月在武汉华中理工大学召开第二届会议。1993年10月在合肥中国科技大学召开第三届会议。

1990年，英国成立了一家利用混沌/分形理论生产并出售计算机艺术品的商店"Strange Attra ctions"。

1990年，李后强（1962—）、程光钺著《分形与分维》由四川教育出版社出版。

1991年，英国创办国际学术性刊物《混沌、孤子和分形》（Chaos，Soliton and Fractals）。

1991年，芒德勃罗荣获内华达奖章（Nevada Medal）。

1991年底，中国国家攀登计划"非线性科学"项目（"八五"期间1991—1995）启动，到1995年五年总资助金额498万，首席科学家为谷超豪（1926—）教授，"八五"期间在该项目资助下共发表论文1111篇，被《科学引文索引》（SCI）收录384篇。

1992年，崔锦泰（C.K.Chui）著《小波导论》（An Introduction to Wavelets）在美国出版。小波（wavelet）分析与分形联系日益紧密。

1993年，新加坡创办国际学术性刊物《分形》（Fractals）。

1993年，李后强、汪富泉（1955—）著《分形理论及其在分子科学中的应用》由科学出版社出版。

1993年，李后强等主编《分形理论的哲学发轫》由四川大学出版社出版。

1993年，芒德勃罗荣获沃尔夫物理学奖（Wolf Prize in Physics）。1994年11月17日，芒德勃罗荣获本田奖（Honda Prize）。

1995年，美国佐治亚理工学院著名学者、"混沌传教士"福特（Joseph Ford）不幸去世。福特去世的讣文发表在《今日物理学》（Physics Today）1995年10月号。

1995—1996年，中国科协"青年科学家论坛"两次举行非线性科学研讨会。

1995年，王东生、曹磊著《混沌、分形及其应用》，由中国科学技术大学出版社出版。

1996年，北京大学非线性科学中心创办英文杂志《非线性科学与数值模拟通讯》（Communic ations in Nonlinear Science & Numerical Simulation），在Internet上发行，由陈耀松（1928—）任主编。此杂志现已被美国《工程索引》（EI）检索。

1996年4月，中央工艺美术学院、北京市科协等主办"96北京国际计算机艺术展"，在入选的300余幅作品中有近20幅作品直接采用了分形方法。

1996年7月，FractalArt 1.0在中国软件登记中心注册。

1996年8月，FRACTINT 19.5在Internet上发行。

目前，混沌、分形、小波、时空离散系统、斑图、自组织系统仍然是非线性科学研究的重点，而分形与所有其他方面都有联系。